W0057217

Allerley Schlemmerey

Kochen wie im Mittelalter

Allerley Schlemmerey

Kochen wie im Mittelalter

14. Auflage
Allerley Schlemmerey
ISBN 978-3-939722-18-2

Copyright © by Regionalia Verlag GmbH, Rheinbach
Alle Rechte vorbehalten
Printed in Poland 2016

www.regionalia-verlag.de

Allerley Schlemmerey

Kochen wie im Mittelalter

Zum Geleyt   8

Rezepte für wenig Taler   11
Arme Ritter; Eiersuppe; Erbsensuppe; Rosenkohl; Dinkel-Birnen-Brei;
Hering in Thymian; Lachs mit Lauch; Buchweizenbrei

Allerley Suppen   21
Kleine-Leute-Suppe; Biersuppe; Bohnensuppe; Brotsuppe; Zandersuppe;
Brunnenkresse-Suppe; Grüne Suppe; Fleischbrühe mit Kräutern; Hecht-
suppe; Gelbe Hammelsuppe; Gemüsesuppe; Graupensuppe

Allerley Breie   35
Beerenbrei; Apfelbrei; Brei mit Hühnerbrühe; Brei mit Rosenduft;
Gemüsebrei; Gerstenbrei; Herzhafter Haferbrei; Hirsebrei; Süßer Haferbrei;
Kirschbrei

Allerley Gemüse   47
Rote Beete in Weißwein; Champignon-Lauch-Topf; Erbsen in Mandel-
milch; Fenchel; Gebratene Zucchini; Grüne Bohnen; Käse mit Gemüse;
Lauch mit Nüssen; Linsentopf; Mangold; Pastinaken; Pilze in Honig;
Schwarzwurzeln; Weißkohl in Wein

Allerley Geflügel

Allerley Geflügel   **63**

Ambrosia-Huhn; Ente in Kräutermilch; Orangen-Huhn; Entenbrust im Teigmantel; Knoblauch-Walnuss-Huhn; Gänsebraten; Huhn in Rosenwasser; Huhn in Traubensaft; Milch-Huhn; Kalte Ente; Poularde; Romanisches Huhn; Rosmarin-Ente; Schinken-Huhn in Salbei

Allerley Wild   **81**

Gämsenfleisch; Gefüllte Wildente; Gegrillte Wachteln; Hase in Traubensaft; Hirschragout; Kaninchenbraten; Gesüßtes Kaninchen; Marinierter Fasan; Rebhuhn; Reh im Teigmantel; Rehleber; Wachteln; Wildschweinrücken

Allerley Fisch   **99**

Aal in Gewürzsoße; Austern in Biersoße; Gebackene Scholle; Gebratene Forelle; Kaltes Kabeljaufilet; Kräuterforelle; Graved Lachs; Lachsfilet in Senfsoße; Miesmuscheln; Red Snapper in Orangensoße

Allerley Süßes   **111**

Apfelcreme; Buchweizengrütze; Nuss-Kügelchen; Heiße Mandelmilch; Holunderblüten-Mus; Honigkuchen; Käsekuchen; Krapfen; Mandelpudding; Mandel-Reismehl-Creme; Pflaumenpudding; Pochierte Birnen; Süße Sahne; Weinkuchen

Register   **126**

Zum Geleyt

„Die Engel essen einmal am Tag, die Menschen zweimal, und was darüber hinaus geht, ist animalisch und unmenschlich."

Gemäß diesem Sprichwort sollen in der Tat die meisten Menschen im Mittelalter zwei Hauptmahlzeiten eingehalten haben: das Mittagessen (das gab es zwischen 10 und 12 Uhr) und das Abendessen (zwischen 16 und 19 Uhr). Die Angabe der Uhrzeiten ist deshalb variabel, weil sich die mittelalterliche Zeitrechnung in der Regel grob nach den Sonnenstunden richtete. Wer wie die Bauern einer schweren körperlichen Arbeit nachging, aß auch ein Frühstück, das aus Bier, Wein und etwas fester Nahrung bestanden haben soll.

Brot und Getreidebreie waren die Grundnahrungsmittel aller Bevölkerungsschichten. Zwischen einem halben und einem Kilogramm lag die tägliche Brotration pro Person. Das Brot lieferte damit den Hauptanteil der verzehrten Kalorien, der Rest der Nahrungsmittel waren Beilagen.

Die Bauern erweiterten ihren Speisezettel mit selbst gehaltenem Vieh und angebautem Gemüse (Zwiebeln, Kohl und Pastinaken). Jedoch mussten sie drei Viertel ihrer Produktion in Form von Abgaben an den Adel hergeben. Aus diesem Grund stand den Bauern nur ein kleiner Teil ihrer Produkte zur Verfügung. Der Tisch des Adels war gegenüber dem der Bauern und einfachen Leute mit einer breiteren Palette von Nahrungsmitteln gedeckt, darunter Schweinefleisch, Geflügel und Wildfleisch, dessen Genuss ein Privileg war.

Gekocht wurde im Früh- und Hochmittelalter über einer offenen Feuerstelle. Ab dem 13. Jahrhundert (im Spätmittelalter) hatte sich in Klostern, Burgen und Bürgerhäusern ein kniehoher, gemauerter Ofen durchgesetzt.

Kochrezepte wurden im Mittelalter ab dem 14. Jahrhundert zunächst von Adeligen und Mönchen, später auch vom Fußvolk notiert. Rezeptsammlungen aus dem Früh- und Hochmittelalter sind deshalb nicht überliefert.

Als Zutaten für Speisen wurden im Mittelalter viele einheimische Gewürze verwendet (zum Beispiel Kümmel, Dill, Petersilie). Auch Honig war ein Hauptbestandteil der Nahrung. Er wurde außerdem zur Konservierung von Lebensmitteln und zur Herstellung von Met, Honigwein, genutzt.

In diesem Buch finden Sie Anleitungen für die Zubereitung von vielen Speisen, die im Mittelalter verzehrt wurden: Suppen, Geflügel, Gemüse, Fisch, Wildfleisch und Nachtisch.

Hinweis: Hier und da können Sie selbstverständlich auch neuere Zutaten zur Verfeinerung des Festmahls verwenden, jederzeit abschmecken und selbst ein wenig variieren. »Trauen Sie sich!«

Wir wünschen gutes Gelingen und guten Appetit!

Rezepte für wenig Taler

Ritterturniere und Gauklermärkte gab es im Mittelalter allerorten. Dabei labten sich die Ritter an festlich gedeckten Tafeln mit genussreichen Speisen. Die Knappen hingegen bekamen nur Brot zu Tisch gereicht. Damit das Brot etwas gehaltvoller wurde, tunkten es die Knappen in ein Gemisch aus Milch und Eiern, machten Butter in einer Pfanne heiß und brieten das Brot darin.

„Arme Ritter" heißt diese Speise, die aus dem Mittelalter stammt. Allerdings findet dieser Name erst vor knapp 250 Jahren erste Erwähnung, die ursprüngliche Bezeichnung ist nicht überliefert. „Rezept für wenig Taler" könnte der Name gewesen sein, denn es braucht nicht viele Zutaten und vor allem keine, die teuer sind - genauso wie die Rezepte der Speisen, die dieses Kapitel enthält.

Wenn Sie „mit einem schmalen Geldbeutel" kochen und gleichzeitig die mittelalterliche Küche kennenlernen möchten, können Sie die folgenden Rezepte (darunter auch „Arme Ritter") ausprobieren. Hier werden Sie auch entdecken: Gut' Ding will nicht immer Weile haben!

Arme Ritter

Für 2 Personen

Einkaufsliste
8 Scheiben Weizen-Toastbrot
2 Eier
½ l Milch
100 g Butter
Zimt
Zucker

1. Die Eier mit der Milch und Zucker nach Wahl in eine Schüssel
geben und mit einer Gabel verrühren.
Die Brotscheiben in das Gemisch legen und 10 Minuten einweichen lassen.

2. Die Butter in einer Pfanne erhitzen.

3. Die Brotscheiben aus der Schüssel nehmen
und in der Pfanne goldbraun braten, bis sie von beiden Seiten knusprig sind.

4. Die frisch zubereiteten Brotscheiben auf Tellern anrichten,
mit Zucker und Zimt bestreuen und sofort servieren.

Zubereitungszeit: 15 Minuten
Kochzeit: 5 Minuten

Eiersuppe

Für 4 Personen

Einkaufsliste

4 Eier
4 EL Zitronensaft
1 EL Pfeffer
1 EL Salz
1 l Wasser
6 EL Butter
1 kg Havarti-Käse

1. Die Eier, den Zitronensaft, den Pfeffer und das Salz miteinander mischen und beiseite stellen.

2. Das Wasser, die Butter und den Käse in einen Topf füllen, zum Kochen bringen, und eine Stunde kochen lassen. Ist der Käse geschmolzen, muss der Topf von der Kochstelle genommen werden.

3. Die zuvor zubereitete Eiermischung in die Suppe mengen und erwärmen, aber nicht mehr kochen.

Zubereitungszeit: ca. 10 Minuten
Kochzeit: 60 Minuten

Erbsensuppe

Für 4 Personen

Einkaufsliste

2 Zwiebeln
40 g Butter
80 g Semmelmehl
1 l Rinderbrühe
500 g Erbsen
Pfeffer
Safran
1 TL Muskat
1 Bund Petersilie

1. Die Zwiebeln schälen und fein hacken. Die Butter in einen Topf geben, erwärmen und die Zwiebeln darin andünsten.

2. Das Mehl langsam mit der Brühe einrühren, die Erbsen hinzugeben, alles mit Pfeffer, Safran und Muskat würzen und 20 Minuten auf nicht zu starker Flamme kochen.

3. Die Suppe vor dem Servieren mit fein gehackter Petersilie bestreuen.

Zubereitungszeit: 15 Minuten
Kochzeit: 20 Minuten

Rosenkohl

Für 2 Personen

Einkaufsliste

800 g Rosenkohl
50 g Schmalz
Salz
Pfeffer
Muskat
⅛ l süße Sahne

1. Den Rosenkohl putzen und waschen.

2. Einen Topf mit Wasser auf den Herd setzen, das Wasser zum Kochen bringen, den Rosenkohl in das kochende Wasser geben und zwei Minuten kochen lassen.

3. Den Rosenkohl durch ein Sieb seihen, mit Kaltwasser abschrecken und gut abtropfen lassen.

4. Das Schmalz in einem Topf erwärmen, den Rosenkohl darin zehn Minuten andünsten; zwischendurch mit etwas Wasser angießen, so dass der Topfboden mit Wasser bedeckt ist.

5. Nach dem Dünsten den Rosenkohl vom Herd nehmen, ihn im Topf mit Salz, Pfeffer und Muskat würzen, die Sahne hinein füllen und alles köcheln lassen, bis die Sahne cremig geworden ist.

6. Den Rosenkohl auf Tellern anrichten und servieren.

Zubereitungszeit: 15 Minuten
Kochzeit: 15 Minuten

Dinkel-Birnen-Brei

Für 4 Personen

Einkaufsliste
200 g Dinkelgetreide
1 l Wasser
Salz
Buttermilch
Sirup
Birnenkompott

1. Das Dinkelgetreide in einer Küchenmühle schroten, es in einen Topf mit dem Wasser füllen und das Ganze kochen, bis ein Brei entsteht.

2. Mit dem Salz abschmecken, die Buttermilch und den Sirup nach Geschmack beimischen. Den Brei mit dem Birnenkompott garnieren und servieren.

Zubereitungszeit: 15 Minuten
Kochzeit: 45 Minuten

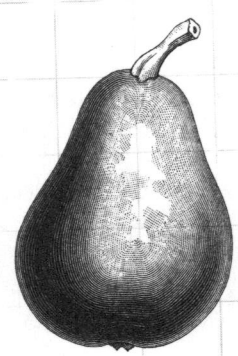

Hering in Thymian

Für 4 Personen

Einkaufsliste
1 kg Hering
Salz
Thymian
Butter

1. Den Hering gründlich waschen, die Flossen mit einem Messer abtrennen,
ihn mit Küchenpapier trocken tupfen, innen und außen salzen und
gut zwei Stunden auf einem Teller durchziehen lassen.

2. Nachdem der Fisch gut durchgezogen und getrocknet ist,
ihn von innen und außen mit Thymian einreiben.

3. Butter in einer Pfanne erhitzen, den Hering darin goldbraun braten,
auf Tellern anrichten und servieren.

Zubereitungszeit: 45 Minuten
Kochzeit: 10 Minuten

Lachs mit Lauch

Für 4 Personen

Einkaufsliste

800 g Lachsfilet
Salz
Zitronensaft
1 Stange Lauch
2 Bund Petersilie
20 g Olivenöl
100 g Sahne
150 ml Fischfond
Muskat

1. Das Lachsfilet waschen, mit Küchenpapier trocken tupfen, salzen und mit Zitronensaft beträufeln.

2. Den Lauch und die Petersilie waschen und beides klein schneiden.

3. In einer Pfanne das Olivenöl erwärmen, das Lachsfilet mit der Hautseite nach unten in die Pfanne legen und knapp fünf Minuten braten.

4. Den Lauch, die Sahne und den Fischfond in die Pfanne füllen, eine Prise Muskat beimischen und alles knapp 15 Minuten garen.

5. Nach der Garzeit den Lachs vom Herd nehmen, ihn mit der zuvor geschnittenen Petersilie garnieren und in der Pfanne servieren.

Zubereitungszeit: 30 Minuten
Kochzeit: 20 Minuten

Buchweizenbrei

Für 4 Personen

Einkaufsliste
1 l Milch
200 g Buchweizen
Salz
60 g Butter
Rübensirup

1. Die Milch in einem Topf aufkochen, den Buchweizen hineinrühren und das Gemisch kochen, bis es sämig wird.

2. Den Brei von der Kochstelle nehmen und noch etwas nachquellen lassen, mit einer Prise Salz abschmecken.

3. Den Brei in eine Schüssel füllen und die Butter hinzugeben, mit dem Rübensirup verfeinern und servieren.

Zubereitungszeit: 20 Minuten
Kochzeit: 10 Minuten

Allerley Suppen

Die Suppe ist eine warme Speise, die in der Regel aus Wasser, Gemüse, Getreide, Fisch oder Fleisch besteht. Die Bezeichnung „Supe" kommt in allen europäischen Sprachen vor und bedeutet Saufen, Saugen oder Schlürfen. Aus der Suppe gehen alle Saucen, Eintöpfe, Brühen und Breie hervor, also alle Mahlzeiten, die in Wasser, Milch und Wein gekocht werden. Der Ursprung der Suppen ist bereits in der Steinzeit zu finden, wo breiartige Speisen zubereitet wurden.

Im Mittelalter war das Kochen von Suppen mit Brot, Fladen und Getreide gang und gäbe. Das Brot wurde in Wasser oder Milch eingerührt und püriert, oder man schrotete das Getreide und mischte es in die Suppe. Durch die getreidehaltigen Zutaten wurde dieses Essen zu einem nahrhaften Gericht. Aus diesem Grund ist die Suppe ihrem Ursprung nach eine vollwertige Mahlzeit. Allerdings waren die Suppen damals sehr dickflüssig und wurden im Gegensatz zur heutigen Kochkultur bereits zum Frühstück verzehrt. Gab es ein Menü, wurde die Suppe zum Schluss serviert.

Als Gewürze verwendete man im Mittelalter zum Beispiel Koriander, Rosmarin und Wacholder. Diese Zutaten wurden nicht nur wegen ihrer Würze, sondern auch wegen ihrer gesundheitsfördernden Wirkung genutzt. Außerdem war die mittelalterliche Küche nicht so fettreich, wie Sie vielleicht vermuten. Die Suppen enthielten sehr wenig oder gar kein Öl beziehungsweise Butter. Aber sehen Sie selbst und lassen Sie sich von den Rezepten in die Kultur des Mittelalters führen. Wir wünschen guten Appetit!

Kleine-Leute-Suppe

Für 4 Personen

Einkaufsliste
300 g durchwachsener Speck
Öl
1 kg Karotten
2 Stangen Lauch
1 kleines Stück Sellerie
1 Petersilienwurzel
250 g Dinkelgetreide
2 l Wasser
1 Bund Petersilie

1. Den Speck würfeln, im Topf in Öl anbraten, das Gemüse waschen,
klein schneiden, dazugeben und anschwitzen.

2. Das Dinkelgetreide in einer Küchenmühle schroten und beimengen.

3. Das Ganze mit dem Wasser auffüllen und ca. 20 Minuten kochen.
Zum Servieren gehackte Petersilie darüber streuen.

Zubereitungszeit: 45 Minuten
Kochzeit: 30 Minuten

Biersuppe

Für 4 Personen

Einkaufsliste
250 g altbackenes Schwarzbrot
2 l Schwarzbier
1 TL Kümmel
1 TL Ingwer
1 TL Zimt
Butter
Zucker

1. Das Brot in Stücke schneiden, in einen Topf geben, mit dem Bier übergießen
und eine halbe Stunde einweichen lassen.

2. Das Ganze mit Kümmel, Ingwer und Zimt solange kochen lassen,
bis das Brot zu einer flüssigen Masse wird.

3. Zum Schluss die Butter unterrühren und das Gericht mit Zucker abschmecken.

Zubereitungszeit: 30 Minuten
Kochzeit: 20 Minuten

Bohnensuppe

Für 4 Personen

Einkaufsliste

500 g getrocknete, weiße Bohnenkerne
2 ¼ l Wasser
2 Zwiebeln
2 Karotten
2 Lauchstangen
2 Selleriestangen
250 g Spinatblätter
6 EL Olivenöl
2 Gemüsebrühwürfel
Salz, Pfeffer
3 EL fein gehackte Petersilie

1. Die Bohnen acht Stunden in kaltem Wasser einweichen, abgießen
und mit dem Wasser in einen großen Suppentopf füllen.

2. Die Zwiebeln und die Karotten schälen. Das Lauch, den Sellerie und den Spinat waschen,
klein schneiden. Alle Zutaten mit dem Öl und den Brühwürfeln in den Wassertopf geben.

3. Bei mittlerer Hitze 20 Minuten kochen lassen, ab und zu umrühren.
Das Ganze salzen und pfeffern.

4. Die Suppe in eine Terrine füllen und die Petersilie kurz vor dem Servieren darüber streuen.

Zubereitungszeit: 30 Minuten
Kochzeit: 20 Minuten

Brotsuppe

Für 4 Personen

Einkaufsliste

100 g Räucherspeck
2 EL Butter
2 Zwiebeln
800 g grobe Leberwurst
1 Bund Schnittlauch
¼ l Bier
1 l Gemüsebrühe
4 Scheiben Bauernbrot
Salz
Pfeffer
Kümmelpulver
Muskat

1. Den Speck in feine Würfel schneiden. Die Butter in einem Topf erhitzen
und den Speck darin anbraten. Die Zwiebeln schälen, klein hacken und kurz mit im Topf dünsten.
Schnittlauch waschen und fein schneiden.

2. Die Leberwurst aus dem Darm streichen, zu den Speckzwiebeln geben
und unter ständigem Rühren anbraten.

3. Den Schnittlauch ebenfalls beimengen,
das Ganze mit dem Bier ablöschen und mit der Gemüsebrühe auffüllen.
Die Suppe bei mäßiger Hitze fünf Minuten köcheln lassen.

4. Das Bauernbrot in Würfel schneiden, kurz vor dem Auftragen in die Suppe füllen
und alles mit Salz, Pfeffer, Kümmel und Muskat abschmecken.

Zubereitungszeit: 30 Minuten
Kochzeit: 8 Minuten

Zandersuppe

Für 4 Personen

Einkaufsliste
1 l Fischfond
300 ml trockener Weißwein
1 Brötchen
1 Lebkuchen ohne Oblate
1 kg Zanderfilet
4 cm von einem Stück Ingwer
Safran
1 Spritzer Tabasco
Salz
1 TL weißer Pfeffer

1. Den Fischfond mit 200 ml Weißwein aufkochen.

2. Die Brötchen und den Lebkuchen in 100 ml Weißwein einweichen, dann im Mixer zerkleinern und durch ein feines Sieb in den Fisch-Weißwein-Fond passieren. Das Ganze auf dem Herd erwärmen.

3. Das Fischfilet waschen, würfeln, salzen und in der Suppe auf kleiner Stufe 15 Minuten kochen lassen.

4. Den Ingwer schälen, zerkleinern und in die Suppe geben, etwas Safran und Tabasco beimengen und die Suppe mit Salz und Pfeffer abschmecken.

Zubereitungszeit: 35 Minuten
Kochzeit: 20 Minuten

Brunnenkresse-Suppe

Für 4 Personen

Einkaufsliste
3 Zwiebeln
4 EL Butter
6 EL Mehl
1 ½ l Hühnerbrühe
4 Bund Brunnenkresse
Salz
Pfeffer
250 ml Sahne

1. Die Zwiebeln schälen, fein hacken und in der Butter in einem Topf andünsten.

2. Das Mehl dazugeben, langsam die Hälfte der Brühe hinein rühren
und das Ganze kurz aufkochen.

3. Die Brunnenkresse waschen, schneiden und mit dem Rest der Brühe in den Topf geben,
nochmals aufkochen und mit Salz und Pfeffer abschmecken.

4. Die Sahne kurz vor dem Servieren einrühren.

Zubereitungszeit: 45 Minuten
Kochzeit: 20 Minuten

Grüne Suppe

Für 4 Personen

Einkaufsliste

2 kg frischen Spinat
2 Stangen Lauch
1 l Gemüsebouillon
3 Eigelb
125 ml Sahne
Salz
Pfeffer
Ingwerpulver
Muskat

1. Den Spinat und den Lauch waschen. Den Lauch in feine Ringe schneiden.

2. Die Bouillon in einem Topf zum Kochen bringen, wenn nötig, noch Wasser hinzugeben. Spinat und Lauch in den Topf füllen und fünf Minuten kochen lassen.

3. Das Eigelb und die Sahne in einer Schüssel verrühren und in die Suppe füllen, nochmals kurz aufkochen und mit Salz, Pfeffer und dem Ingwerpulver abschmecken.

4. Vor dem Servieren etwas Muskat auf die Suppe streuen.

Zubereitungszeit: 30 Minuten
Kochzeit: 10 Minuten

Fleischbrühe mit Kräutern

Für 4 Personen

Einkaufsliste
800 g Rindfleisch
Salz
Pfeffer
3 Zwiebeln
1 Bund Suppengrün
250 g Suppenknochen
2 l Wasser
2 EL Löwenzahn
2 EL Brennnesseln
2 EL Sauerampfer
1 Bund Petersilie

1. Das Fleisch waschen, trockentupfen, in Würfel schneiden, salzen und pfeffern.

2. Die Zwiebeln schälen und fein hacken, das Suppengrün putzen und klein schneiden.

3. Das Fleisch, die Knochen, die Zwiebeln und das Suppengrün mit kaltem Wasser aufgießen und eine Stunde kochen. Zwischendurch die Suppe gut abschäumen.

4. Nach dem Kochen die Knochen herausnehmen, Löwenzahn, Brennnesseln und Sauerampfer in die Suppe geben und sie kurz erwärmen, mit Salz und Pfeffer abschmecken.

5. Die Petersilie waschen und klein zupfen, die Suppe in eine Schüssel füllen und zum Servieren die Petersilie über die Suppe streuen.

Zubereitungszeit: 60 Minuten
Kochzeit: 60 Minuten

Hechtsuppe

Für 4 Personen

Einkaufsliste

1 kg Hecht
1 Eigelb
250 ml saure Sahne
3 Zwiebeln
2 Bund Suppengrün
1 ¼ l Wasser
2 Lorbeerblätter
9 Pfefferkörner
4 EL Butter
4 EL Mehl
¼ l trockener Weißwein
Salz
1 Bund Petersilie

1. Den küchenfertigen Fisch waschen, von den Gräten lösen und in Stücke schneiden. Das Eigelb mit der Sahne verrühren. Die Zwiebeln schälen und in Scheiben schneiden. Das Suppengrün waschen und zerkleinern.

2. Die Fischstücke mit den Zwiebelringen und dem Suppengrün in einen Topf Wasser geben. Den Lorbeer und die Pfefferkörner beimengen und die Suppe 30 Minuten einkochen.

3. Mit der Butter und dem Mehl eine Mehlschwitze bereiten, in die Fischsuppe geben, den Weißwein untermengen, die Sahne mit dem Ei einrühren und die Suppe kurz aufkochen, mit Salz abschmecken.

4. Die Petersilie waschen und klein hacken, die Suppe in eine Terrine füllen und die Petersilie zum Servieren darüber verteilen.

Zubereitungszeit: 30 Minuten
Kochzeit: 30 Minuten

Gelbe Hammelsuppe

Für 4 Personen

Einkaufsliste

1 kg Lammhaxe
Salz
Pfeffer
¾ l Hühnerbrühe
¼ l lieblicher Weißwein
80 ml Zitronensaft
2 EL Rotweinessig
Safran
2 TL Ingwer

1. Das Lammfleisch waschen, trockentupfen, salzen, pfeffern und mit Knochen in einem Topf mit der Hühnerbrühe kochen, bis das Fleisch weich ist.

2. Die Haxe aus dem Topf nehmen, die Knochen vom Fleisch lösen, das Fleisch klein schneiden und wieder in den Topf geben.

3. Die übrigen Zutaten dazugeben, alles noch einmal aufkochen, mit Salz und Pfeffer abschmecken und servieren.

Zubereitungszeit: 45 Minuten
Kochzeit: 30 Minuten

Gemüsesuppe

Für 4 Personen

Einkaufsliste

500 g Karotten
¼ Weißkohl
2 Zwiebeln
1 Kohlrabi
1 l Gemüsebrühe
1 TL Kümmel
1 TL Kardamom
1 TL Ingwerpulver
1 Bund Petersilie
Salz
Pfeffer

1. Die Karotten schälen, klein schneiden, den Weißkohl waschen
und zerkleinern, die Zwiebeln schälen und würfeln.
Das Ganze mit der Gemüsebrühe in einen großen Topf geben.
Kümmel, Kardamom und Ingwerpulver beimengen
und die Suppe 15 Minuten kochen lassen.

2. Die Petersilie waschen und klein schneiden.

3. Die Suppe mit Salz und Pfeffer abschmecken, in eine Schüssel füllen
und vor dem Servieren die Petersilie darüber streuen.

Zubereitungszeit: 45 Minuten
Kochzeit: 15 Minuten

Graupensuppe

Für 4 Personen

Einkaufsliste

1 Suppenhuhn
2 l Wasser
100 g Karotten
100 g Sellerie
100 g Lauch
100 g Graupen
1 l Hühnerfond
1 TL Ingwer
1 TL Liebstöckl
Salz
Pfeffer
1 Bund Petersilie

1. Das küchenfertige Huhn waschen und in einen großen Topf geben,
mit 2 l Wasser bedecken und zwei bis drei Stunden kochen lassen. Inzwischen Karotten,
Lauch und Sellerie waschen und grob würfeln.
Die Graupen in einem Topf kurz aufkochen und abgießen.

2. Nach dem Kochen des Huhns das Hühnerfleisch von den Knochen lösen und klein schneiden.

3. Den Hühnerfond in einen Topf füllen, das Hühnerfleisch, Karotten, Lauch, Sellerie
und die Graupen dazugeben und 15 Minuten kochen lassen.

4. Ingwer und Liebstöckl in die Suppe geben und die Suppe mit Salz und Pfeffer abschmecken.

5. Die Petersilie waschen, klein schneiden, die Suppe in eine Terrine füllen
und zum Servieren mit der Petersilie garnieren.

Zubereitungszeit: 35 Minuten
Kochzeit: 15 Minuten (ohne Huhn)

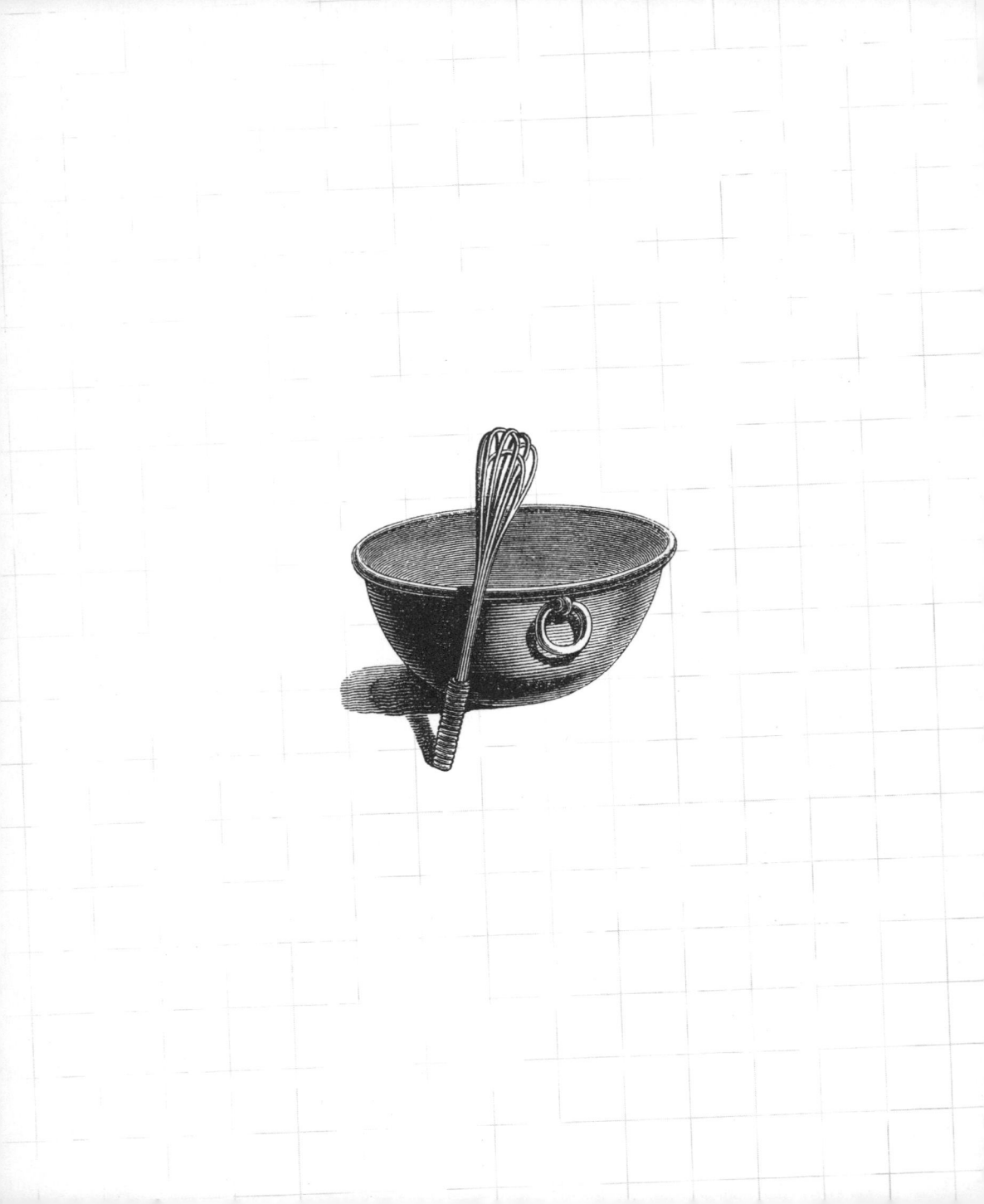

Allerley Breie

Getreidebrei und Brot waren im Mittelalter die Hauptspeisen der Bevölkerung.

Ein Brei bestand aus Getreide, das erst gemahlen und dann in Wasser oder Milch gekocht wurde. Zur Verfeinerung verwendete man Honig und Obst. In der Regel kochten die Menschen im Mittelalter ihr Essen in einem großen Kessel über einer offenen Feuerstelle. Die Mahlzeiten nahmen sie gemeinsam an einem Tisch ein.

Wenn Sie die folgenden Brei-Rezepte ausprobieren möchten, haben Sie viele Möglichkeiten, die Breie zu variieren. Sie können zum Beispiel selbst bestimmen, ob Sie das Wasser lieber durch Milch ersetzen oder ob Sie umgekehrt verfahren wollen. Außerdem können Sie unterschiedliches Obst oder Gemüse beimischen. Als Faustregel für die Mengenberechnung gilt, dass Sie 50 g Getreide pro Person verwenden sollten. Zudem ist zu beachten, dass Sie das Getreide nach dem Kochen noch etwas stehen und quellen lassen sollten, bevor Sie es verzehren. Lassen Sie es sich schmecken!

Beerenbrei

Für 6 Personen

Einkaufsliste
450 g Himbeeren
450 g Blaubeeren
350 ml süßer Apfelsaft
650 ml Wasser
200 g Perlgerste
Honig
Sahne
Minze

1. Die Himbeeren und Blaubeeren waschen, in eine Schüssel geben und pürieren.

2. Den Apfelsaft hinzugeben und alles mit dem Wasser auffüllen. Das Ganze stark erwärmen und die Gerste unterrühren. So lange kochen, bis der Brei sämig ist.

3. Nach dem Kochen den Brei mit Honig abschmecken, die Sahne nach Geschmack unterrühren und den Brei in eine Schüssel füllen.

4. Die Minze waschen und zupfen, den Brei damit garnieren und servieren.

Zubereitungszeit: 30 Minuten
Kochzeit: 20 Minuten

Apfelbrei

Für 6 Personen

Einkaufsliste

900 g Äpfel
350 ml süßer Apfelsaft
650 ml Wasser
200 g Perlgerste
Honig
Buttermilch
Zimt

1. Die Äpfel waschen, entkernen, klein schneiden, in eine Schüssel geben und pürieren.

2. Den Apfelsaft hinzugeben und alles mit dem Wasser auffüllen. Das Ganze stark erwärmen und die Gerste unterrühren. So lange kochen, bis der Brei sämig ist.

3. Nach dem Kochen den Brei mit Honig abschmecken, die Buttermilch nach Geschmack unterrühren und den Brei in eine Schüssel füllen.

4. Den Brei mit dem Zimt garnieren und servieren.

Zubereitungszeit: 30 Minuten
Kochzeit: 20 Minuten

Brei mit Hühnerbrühe

Für 4 Personen

Einkaufsliste
200 g Perlgerste
1 l Hühnerbrühe
75 ml Olivenöl
Salz

1. Die Perlgerste mit der Hühnerbrühe in einen Topf geben, erwärmen und dabei das Olivenöl hinzugeben.

2. Das Ganze kochen, bis der Brei sämig ist, und ihn mit Salz abschmecken.

3. Den Brei in eine Schüssel füllen und servieren.

Zubereitungszeit: 15 Minuten
Kochzeit: 20 Minuten

Brei mit Rosenduft

Für 4 Personen

Einkaufsliste

225 g Hirse
Wasser
¾ l Milch
100 g Rosinen
50 g geschälte Mandeln
brauner Zucker
50 g Datteln
50 g getrocknete Feigen
1 TL Rosenwasser
Weichselkirsch-Soße

1. Die Hirse in einen Topf geben und mit Wasser aufgießen, so dass die Hirse bedeckt ist.

2. Die Hirse aufsetzen und kochen lassen. Sie saugt dabei viel Flüssigkeit auf, und es muss immer so viel Wasser nachgegossen werden, bis die Hirse weich ist. Dabei sollte immer gut umgerührt werden.

3. Ist die Hirse weich geworden, die Milch, die Rosinen und die Mandeln dazugeben und erwärmen. Auch den braunen Zucker nach Geschmack beimischen.

4. Zum Servieren den Hirsebrei in eine Schüssel füllen und mit den Datteln und den Feigen belegen. Anschließend das Rosenwasser darüberträufeln und sofort etwas Weichselkirsch-Soße hinterher gießen, damit der Duft des Rosenwassers nicht verfliegt.

Zubereitungszeit: 30 Minuten
Kochzeit: 40 Minuten

Gemüsebrei

Für 4 Personen

Einkaufsliste

220 g Hirse
½ l Wasser
1 Zwiebel
50 g Karotten
50 g Lauch
¼ l Milch
Salz
Pfeffer
Petersilie

1. Die Hirse mit dem Wasser in einen Topf füllen und kochen.

2. Die Zwiebel schälen, die Karotten und den Lauch waschen.
Das Gemüse klein schneiden, in den Topf füllen und mitkochen.

3. Das Ganze nach und nach umrühren. Wenn das Wasser aufgebraucht ist,
langsam die Milch unter Umrühren nachgießen.

4. Das Ganze mit Salz und Pfeffer abschmecken und in eine Schüssel füllen.

5. Die Petersilie waschen und klein schneiden.
Vor dem Servieren den Brei mit der Petersilie bestreuen.

Zubereitungszeit: 45 Minuten
Kochzeit: 20 Minuten

Gerstenbrei

Für 4 Personen

Einkaufsliste
200 g Gerstenkörner
1 l Wasser
Salz
Butter
Sirup

1. Die Gerstenkörner in einer Küchenmühle mahlen, sie in einen Topf mit dem Wasser füllen und das Ganze kochen, bis ein Brei entsteht.

2. Mit dem Salz abschmecken, nach Geschmack Butter und Sirup beimischen und den Brei servieren.

Zubereitungszeit: 45 Minuten
Kochzeit: 20 Minuten

Herzhafter Haferbrei

Für 4 Personen

Einkaufsliste

200 g Haferkörner
1 l Wasser
1 TL Salz
2 EL Butter
4 EL Honig
100 g Dill

1. Die Haferkörner mit einer Küchenmaschine schroten,
mit 1/2 l des Wassers am Vorabend einweichen
und das Ganze am nächsten Morgen köcheln, dabei ständig umrühren.

2. In kleinen Mengen das restliche Wasser hinzugeben und darauf achten,
dass der Hafer es noch aufnehmen kann. Wenn der Brei sämig wird,
ihn von der Kochstelle nehmen und noch ein paar Minuten quellen lassen,
mit einer Prise Salz abschmecken.

3. Ist der Brei in eine Schüssel gefüllt worden, gibt man die Butter darüber
und süßt den Brei mit dem Honig. Zum Schluss den Dill waschen, klein hacken,
über den Brei streuen und diesen servieren.

Zubereitungszeit: 45 Minuten (ohne Wartezeit)
Kochzeit: 30 Minuten

Hirsebrei

Für 4 Personen

Einkaufsliste
1 l Milch
2 EL Butter
4 EL Honig
1 TL Salz
Zitronenschale
200 g Hirse
1 TL Zimt
Rosinen

1. Die Milch zusammen mit der Butter, dem Honig, dem Salz
und einer abgeriebenen Zitronenschale in einem Topf zum Kochen bringen.

2. Die Hirse waschen, dem Topf beimischen und das Ganze eine Stunde abgedeckt
bei schwacher Hitze quellen lassen. Regelmäßig umrühren, damit nichts anbrennt.

3. Wenn der Brei sämig und die Hirse weich geworden ist,
kann der Brei in eine Schüssel gefüllt werden. Vor dem Servieren mit Zimt bestreuen.

4. Nach Geschmack können Rosinen untergehoben werden.

Zubereitungszeit: 45 Minuten
Kochzeit: 60 Minuten

Süßer Haferbrei

Für 4 Personen

Einkaufsliste

200 g Haferkörner
1 l Milch
1 TL Salz
2 EL Sahne
Trockenpflaumen
Pfirsiche aus dem Glas
100 g gehackte Nüsse

1. Die Haferkörner mit einer Küchenmaschine schroten, mit 1/2 l der Milch
am Vorabend einweichen und das Ganze am nächsten Morgen köcheln,
dabei ständig umrühren.

2. Nach und nach die restliche Milch dazugeben und darauf achten,
dass der Hafer sie noch aufnehmen kann. Wenn der Brei sämig wird,
ihn von der Kochstelle nehmen und noch ein paar Minuten quellen lassen,
mit einer Prise Salz abschmecken.

3. Ist der Brei in eine Schüssel gefüllt worden, rührt man die Sahne hinein,
mengt je nach Bedarf die Trockenpflaumen bei und gibt ein paar Pfirsiche aus dem Glas hinzu.
Zum Schluss die gehackten Nüsse untermischen und den Brei servieren.

Zubereitungszeit: 30 Minuten (ohne Wartezeit)
Kochzeit: 25 Minuten

Kirschbrei

Für 6 Personen

Einkaufsliste

900 g entsteinte Kirschen
350 ml Rotwein
175 g Zucker
50 g Butter
225 g Brot
Salz
Puderzucker
Blätter der Ringelblume

1. Die Kirschen mit 150 ml des Rotweins und der Hälfte des Zuckers
in einem Mixer pürieren, bei Bedarf noch mehr Wein hinzugeben.

2. Die Butter in einem Topf schmelzen lassen, das Brot zerbröseln.

3. Das Kirschpüree, das zerkleinerte Brot, den restlichen Wein, den Zucker
und eine Prise Salz dazugeben.

4. Das Ganze unter ständigem Rühren köcheln lassen, bis die Masse sehr breiig ist.

5. Den Brei in eine Servierschüssel füllen, abkühlen lassen und Puderzucker darüber streuen.
Die Blätter der Ringelblume zupfen, waschen, trocken tupfen und den Brei damit dekorieren.

Zubereitungszeit: 45 Minuten
Kochzeit: 20 Minuten

Allerley Gemüse

Gemüse nahm im Mittelalter beim Adel und bei anderen privilegierten Gesellschaftsschichten einen geringen Stellenwert ein; es galt als „bäuerliche Kost", weil es in einfacher Form auf Feldern angebaut wurde.

Auch bei Medizinern hatte Gemüse im Mittelalter keinen guten Ruf. Es wurde im Vergleich zu Brot und Fleisch kaum als gesunde Speise angesehen. Die Mediziner waren eher von der Nahrhaftigkeit von Datteln, Nüssen und Feigen überzeugt.

Demgegenüber hatte Gemüse bei Bauern und einfachen Leuten eine große Bedeutung. Die Gemüse auf ihrem Speiseplan waren unter anderem Kraut, Kohl, Rüben, Bohnen, Linsen, Erbsen und Pastinaken. Diese Beilagen wurden oft mit Mandelmilch serviert, die ein Hauptbestandteil mittelalterlicher Saucen war.

Rote Bete in Weißwein

Für 4 Personen

Einkaufsliste
1 kg Rote Bete
½ l Weißwein
1 TL Anis
1 TL Koriander
¼ TL Kümmel
50 g Meerrettich

1. Die Rote Bete waschen, klein schneiden und in einen Topf füllen.
Den Weißwein und einen halben Liter Wasser hinzugeben
und die Rote Bete kochen, bis sie weich sind.

2. Nach dem Kochvorgang die Rote Bete vom Herd nehmen
und den Anis, den Koriander, den Kümmel und den Meerrettich unterheben.
Den Kochtopf mit Deckel an einen kühlen Ort stellen und ein paar Stunden durchziehen lassen.

3. Die Rote Bete in eine Schüssel füllen und zu Tisch bringen.

Zubereitungszeit: 45 Minuten
Kochzeit: 20 Minuten

Champignon-Lauch-Topf

Für 4 Personen

Einkaufsliste

500 g Champignons
3 Lauchstangen
150 g Butter
2 l Vollmilch
½ l Sahne
25 g getrockneter roter Seetang
2 TL Meersalz
1 EL frisch gemahlener schwarzer Pfeffer

1. Die Champignons putzen, den Lauch waschen und beides klein schneiden.

2. Die Butter in einem Topf zum Schmelzen bringen,
den Lauch und die Pilze darin anschmoren.

3. Die Milch und die Sahne in den Kochtopf geben,
ihn auf kleine Flamme setzen.

4. Den Seetang kurz in kaltem Wasser einweichen, klein hacken,
in den Topf mischen und das Ganze 20 Minuten köcheln lassen.

5. Nach dem Kochen mit Salz und Pfeffer abschmecken und das Gericht servieren.

Zubereitungszeit: 45 Minuten
Kochzeit: 30 Minuten

Erbsen in Mandelmilch

Für 2 Personen

Einkaufsliste

500 g Erbsen
¼ Tasse Mandeln
½ Tasse Milch
2 TL Petersilie
1 TL Minze
1 TL Salz
1 EL Zucker
6 Fäden Safran
2 Eier
2 EL Puderzucker

1. Die Erbsen waschen, in einen Topf mit Wasser füllen und kochen, bis sie gar sind.

2. Die Mandeln mit der Milch in einen Mixer geben und pürieren.

3. Von den gekochten Erbsen eine halbe Tasse Erbsen abfüllen
und in einen zweiten Topf geben, die Petersilie, die Minze und das Salz beimischen
und das Gemisch verrühren, dabei langsam die Mandelmilch hinzufügen.

4. Das Mandel-Erbsen-Gemisch in den Topf mit den zuvor gekochten Erbsen geben,
den Zucker und den Safran unterrühren.

5. Die Eier aufschlagen, das Eigelb vom Eiweiß trennen und die Eigelbe in eine Tasse füllen,
verrühren, mit den Erbsen im Topf mischen und alles noch einmal kurz erhitzen.

6. Die Erbsen in eine Schüssel füllen, mit Puderzucker bestreuen und servieren.

Zubereitungszeit: 60 Minuten
Kochzeit: 20 Minuten

Fenchel

Für 2 Personen

Einkaufsliste
750 g Fenchel
250 g Zwiebeln
1 TL Ingwerpulver
1 TL Safranpulver
½ TL Salz
2 EL Olivenöl
150 ml trockener Weißwein
150 ml Wasser

1. Den Fenchel waschen, klein schneiden, die Zwiebeln schälen und in Würfel schneiden und beides in eine große Pfanne mit Deckel geben.

2. Ingwer, Safran, Salz und Öl in die Pfanne geben, dann den Wein und das Wasser.

3. Den Fenchel in dem Sud zum Kochen bringen, alles mit dem Pfannendeckel bedecken und 20 Minuten köcheln lassen.

4. Das Gemüse auf Tellern anrichten und servieren.

Zubereitungszeit: 30 Minuten
Kochzeit: 20 Minuten

Gebratene Zucchini

Für 2 Personen

Einkaufsliste
5 Zucchini
Salzwasser
3 EL Butter
5 Safranfäden
Salz
Pfeffer

1. Die Zucchini schälen, entkernen, in Scheiben schneiden.

2. Einen Topf mit Salzwasser aufsetzen, die Zucchini hineingeben und weichkochen.

3. Nach dem Kochvorgang die Zucchini in ein Sieb geben, abtropfen lassen und in Stücke schneiden.

4. Die Butter in eine Pfanne geben und erhitzen, die Zucchini in der Butter anbraten.

5. Nach dem Bratvorgang die Zucchini aus der Pfanne nehmen
und auf Tellern anrichten, mit den Safranfäden garnieren
und mit Salz und Pfeffer servieren.

Zubereitungszeit: 30 Minuten
Kochzeit: 20 Minuten

Grüne Bohnen

Für 4 Personen

Einkaufsliste
1 kg grüne Bohnen
3 Zwiebeln
2 EL Butter
Salz

1. Die Bohnen gut waschen, die Enden abschneiden und die Bohnen in Stücke schneiden.

2. Einen Topf mit Wasser aufsetzen, die Bohnen hinein füllen und etwa 15 Minuten kochen lassen, bis sie gar sind.

3. Die Zwiebeln schälen, würfeln, die Butter in einer großen Pfanne zerlassen und die Zwiebeln darin dünsten.

4. Die Bohnen nach dem Kochen durch ein Sieb abtropfen lassen, in die Pfanne geben und kurz erhitzen.

5. Vor dem Servieren die Bohnen mit Salz abschmecken und auf Tellern anrichten.

Zubereitungszeit: 45 Minuten
Kochzeit: 20 Minuten

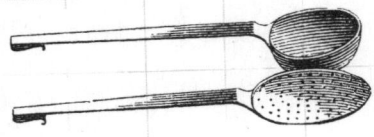

Käse mit Gemüse

Für 4 Personen

Einkaufsliste

250 g Brie
250 g Sahnekäse
125 g gesalzene Butter
500 g durchwachsener Speck
Öl
200 g grüner Spargel
200 g Kohlrabi
200 g Broccoli
200 g Lauch

1. Den Brie und den Sahnekäse mit der Butter in eine feuerfeste Schüssel geben.
Einen Topf mit Wasser aufsetzen, die Schüssel darüberstellen und den Inhalt erwärmen,
bis er weich ist. Das Ganze verrühren, bis eine dicke, glatte Paste entsteht.

2. Den Speck würfeln, eine Pfanne mit Öl erhitzen
und den Speck darin knusprig braten.

3. Spargel und Kohlrabi schälen, Broccoli und Lauch waschen,
alles Gemüse klein schneiden und mit dem Speck in einen Bräter geben.
Die Käse-Butter-Mischung auf das Gemüse verteilen.

4. Den Bräter in den Ofen schieben und das Ganze bei 180°C 30 Minuten backen,
bis der Käse goldgelb ist.

5. Vor dem Servieren das Gericht fünf Minuten setzen lassen.

Zubereitungszeit: 45 Minuten
Backzeit: 30 Minuten

Lauch mit Nüssen

Für 4 Personen

Einkaufsliste

10 Lauchstangen
½ l Rinderbrühe
150 ml Weißwein
1 TL Salz
1 EL Zucker
2 Tassen Walnüsse
1 TL Essig

1. Den Lauch gründlich waschen und in gleich große Stücke schneiden.

2. Die Rinderbrühe und den Wein in einen Topf geben, den Lauch hinein füllen und 15 Minuten bei geschlossenem Topf köcheln lassen.

3. Nach dem Kochvorgang den Lauch in ein Sieb geben, abtropfen lassen und in eine Schüssel füllen. Das Salz, den Zucker, die Walnüsse und den Essig unterrühren und den Lauch sofort servieren.

Zubereitungszeit: 20 Minuten
Kochzeit: 15 Minuten

Linsentopf

Für 2 Personen

Einkaufsliste

800 g Linsen
2 l Fleischfond
1 Bund Suppengrün
2 Zwiebeln
2 Knoblauchzehen
50 g Schmalz
4 EL Mehl
6 EL Essig
1 Prise Zucker
Salz
Pfeffer

1. Die Linsen waschen, den Fleischfond in einen Topf geben,
die Linsen dazugeben und das Ganze zwölf Stunden einweichen lassen.

2. Das Suppengrün waschen, zerkleinern, in den Topf mit den Linsen geben
und alles eine Stunde kochen lassen.

3. Die Zwiebeln und den Knoblauch schälen, klein schneiden, Schmalz in eine Pfanne geben
und die Zwiebeln und den Knoblauch darin andünsten.
Das Mehl unter Rühren hinzugeben und leicht braun werden lassen.

4. Nach dem Kochen der Linsen eine Hälfte von ihnen durch ein Sieb passieren
und in die Zwiebelsoße geben. Die Soße verrühren
und sie zu den restlichen Linsen in den Topf füllen.

5. Alles aufkochen und mit dem Essig, Zucker, Salz und Pfeffer abschmecken,
in eine Terrine füllen und servieren.

Zubereitungszeit: 45 Minuten (ohne Wartezeit)
Kochzeit: 60 Minuten

Mangold

Für 2 Personen

Einkaufsliste

1 kg Mangold
4 EL Butter
2 Zwiebeln
4 EL Olivenöl
2 Prisen Pfeffer
2 Prisen Nelken
2 Prisen Muskat
2 Prisen Koriander
Salz

1. Den Mangold sorgfältig waschen, die Stiele und Blattteile in mundgerechte Stücke schneiden.

2. Die Butter in einer Pfanne erhitzen, nach und nach den Mangold hineingeben
und knapp zehn Minuten lang bei mittlerer Hitze andünsten.
Wenn der Mangold dabei leicht trocken wird, etwas Wasser aufkochen und in die Pfanne gießen.

3. In der Zwischenzeit die Zwiebeln schälen und klein hacken.

4. Das Öl in eine Pfanne geben, die Zwiebeln darin andünsten
und Pfeffer, Nelken, Muskat, Koriander und nach Geschmack etwas Salz
beimischen. Das Ganze zu dem Mangold in der anderen Pfanne füllen und gut durchmischen.

5. Den Mangold in eine Schüssel geben und servieren.

Zubereitungszeit: 30 Minuten
Kochzeit: 15 Minuten

Pastinaken

Für 2 Personen

Einkaufsliste
500 g Pastinaken
1 Tasse dunkles Bier
1 Zimtstange
Muskat
3 Nelken
Salz
Pfeffer

1. Die Pastinaken waschen, dünn schälen und in Stücke schneiden.

2. Die Pastinaken in einen Topf geben, das Bier, den Zimt, Muskat und nach Geschmack Nelken hinzugeben, den Topf mit einem Deckel schließen und die Pastinaken 20 Minuten köcheln lassen.

3. Die Kochhitze verringern, den Topf öffnen und das Ganze noch zehn Minuten köcheln lassen, bis das Bier andickt.

4. Nach dem Kochen die Zimtstange aus dem Topf nehmen, die Pastinaken mit Salz und Pfeffer abschmecken, auf Tellern anrichten und servieren.

Zubereitungszeit: 30 Minuten
Kochzeit: 30 Minuten

Pilze in Honig

Für 2 Personen

Einkaufsliste
500 g Pilze
2 EL Olivenöl
2 EL Honig
2 EL Tomatenmark
2 EL Liebstöckel
1 TL Pfeffer

1. Die Pilze putzen und in Stücke schneiden.

2. Das Olivenöl, den Honig und das Tomatenmark in eine Pfanne geben,
verrühren und erhitzen, bis die Masse zu kochen beginnt.

3. Pilze, Liebstöckel und Pfeffer unterrühren. Das Ganze kochen lassen,
bis die Flüssigkeit aus den Pilzen herausgekocht ist und sich dann wieder fast eingekocht hat.
Der Honig und das Öl bilden am Ende des Kochvorgangs eine Glasur um die Pilze.

4. Nach dem Kochvorgang die Pilze in eine Schüssel füllen und servieren.

Zubereitungszeit: 45 Minuten
Kochzeit: 30 Minuten

Schwarzwurzeln

Für 2 Personen

Einkaufsliste

700 g Schwarzwurzeln
Zitronensaft
Butter
Salz
Pfeffer
Muskat
250 ml Sahne
Speisestärke

1. Die Schwarzwurzeln unter fließendem Wasser gründlich abbürsten,
die Enden abschneiden und die äußere Schicht
mit einem Spargelschäler abziehen.

2. Die Schwarzwurzeln in Stücke schneiden und die Stücke sofort in einen Topf mit Wasser
und ein paar Spritzern Zitronensaft legen, damit sie sich nicht braun verfärben.

3. Nach dem Kochvorgang von knapp 15 Minuten die Schwarzwurzeln
in ein Sieb geben und abtropfen lassen.

4. Etwas Butter in eine Pfanne geben und erhitzen, die Schwarzwurzeln darin andünsten,
mit Salz, Pfeffer und Muskat abschmecken und die Sahne hinzugeben.
Das Ganze nach Bedarf mit Speisestärke binden.

5. Nach dem Dünsten die Schwarzwurzeln in eine Schüssel füllen und servieren.

Zubereitungszeit: 30 Minuten
Kochzeit: 15 Minuten

Weißkohl in Wein

Für 4 Personen

Einkaufsliste

1 Weißkohlkopf
60 ml Olivenöl
½ l Weißwein
1 EL Poudre forte

1. Den Weißkohl gründlich waschen und klein schneiden.

2. Das Olivenöl in einen großen Topf geben und erhitzen, nach und nach den Kohl beimischen und ihn bei mittlerer Hitze unter Rühren kochen, bis er weich ist.

3. Nach dem Kochen die Hitze verringern, den Weißwein und das Poudre forte hinzugeben, das Ganze kurz aufkochen lassen, in eine Schüssel füllen und servieren.

Zubereitungszeit: 45 Minuten
Kochzeit: 20 Minuten

Allerley Geflügel

Im Mittelalter war der Viehbestand eines Bauern in der Regel klein. Höchstens ein Viertel der Produkte, die er herstellte, blieb sein Eigentum. Er musste hohe Abgaben an den Adel leisten und der hatte im Gegensatz zum Bauern eine breite Palette an Nahrungsmitteln wie Fisch, Wild- und Geflügelfleisch zur Verfügung.

Geflügel war im Mittelalter eine der beliebtesten Fleischspeisen, dazu gehörten Ente, Fasan, Gans, Huhn, Taube und Rebhuhn. Hinzu kam, dass man das Fleisch in unterschiedliche Kategorien einteilte, was die Qualität betraf.

Beim Haushuhn zum Beispiel wird in der Regel zwischen alter Henne, jungem Huhn und Kapaun unterschieden. Der Kapaun ist ein kastrierter Masthahn mit exzellentem Fleisch. Alte Hennen dagegen haben zähes Fleisch und das Fleisch von jungen Hühnern ist schmackhaft und zart. Diese Kriterien kannten auch die Menschen im Mittelalter. Sie schlachteten die alten Hennen erst, wenn sie keine Eier mehr gaben und verarbeiteten das Fleisch zu Pastete oder es landete im Suppentopf. Junge Hühner und Kapaune wurden wiederum zumeist am Spieß gebraten.

Ambrosia-Huhn

Für 4 Personen

Einkaufsliste
2 Brotscheiben
1 Huhn
2 große Zwiebeln
80 g fetter Speck
Öl
200 ml Mandelmilch
200 ml Weißwein
100 ml Bouillon
3 Nelken
50 ml Essig
8 Dörrpflaumen
10 Datteln
Muskat

1. Das Brot in einem Toaster oder im Herd anrösten
und die Kruste mit einem Messer entfernen,
sodass nur die Krume übrigbleibt. Das Brot in Stücke schneiden.

2. Das Huhn waschen, mit einem sauberen Küchentuch trocknen,
salzen und pfeffern.

3. Die Zwiebeln schälen und sie, wie auch den Speck, in Würfel schneiden.
Öl in einen Bräter geben und erhitzen.
Zwiebeln und Speck im Bräter dünsten.

4. Das Huhn mit Öl bestreichen, in den Bräter legen
und im Ofen bei Mittelstufe braten.

5. Die Mandelmilch mit 100 ml Weißwein und der Bouillon mischen.

6. Wenn das Huhn leicht gebräunt ist, die Weißweinmischung
in den Bräter gießen, die Nelken dazugeben
und das Ganze eine Stunde braten lassen.

7. Das zerkleinerte Brot in dem restlichen Wein und dem Essig auflösen
und gegen Ende der Bratzeit zusammen mit den Pflaumen und Datteln
und einer Prise Muskat zum Huhn dazugeben.

8. Nach der Bratzeit die Pflaumen und Datteln herausnehmen, das Huhn auf
eine große Platte legen und die Früchte um das Huhn herum garnieren.

9. Die Sauce vom Bräter in eine Terrine füllen und zusätzlich
zum Huhn servieren.

Zubereitungszeit: 45 Minuten
Kochzeit: 75 Minuten

Ente in Kräutermilch

Für 4 Personen

Einkaufsliste

1 Ente
Salz
Pfeffer
Öl
500 ml Milch
1 TL Salbei

1 TL Thymian
1 EL Pinienkerne
1 TL Honig
100 ml Wasser
5 EL Honig

1. Die Ente von innen und außen unter Kaltwasser abspülen,
mit einem Küchentuch trockentupfen, mit Salz und Pfeffer einreiben
und mit Öl bestreichen.

2. Die Milch in einen Topf füllen, Salbei und Thymian, die Pinienkerne
und den Honig dazu geben und unter Rühren das Gemisch erwärmen.

3. Die Ente in einen Bräter legen und das Milch-Gemisch dazugeben.
Den Bräter in den Ofen schieben und die Ente bei 170 °C eine Stunde braten.

4. Zwischendurch die Ente immer wieder mit der Milch beträufeln.

5. Nach der einen Stunde Bratzeit die Ente wenden und noch weitere 50 Minuten braten.

6. Zehn Minuten vor Ende der Bratzeit das Wasser mit dem Honig verrühren,
die Ente damit bestreichen und sie noch weitere fünf Minuten braten.

7. Nach dem Bratvorgang die Ente aus dem Ofen nehmen,
auf einer Platte anrichten. Die Bratensoße durch ein Sieb in eine Terrine füllen
und zusammen mit der Ente zu Tisch bringen.

Zubereitungszeit: 60 Minuten
Bratzeit: 115 Minuten

Orangen-Huhn

Für 4 Personen

Einkaufsliste
1 kg Hähnchenbrust
Salz
Pfeffer
Öl
3 Orangen
350 ml trockener Weißwein
2 TL Ingwerpulver

1. Das Hähnchenfleisch mit Kaltwasser abspülen, trockentupfen, mit Salz und Pfeffer einreiben und mit Öl bestreichen.

2. Öl in einem Topf erhitzen und das Fleisch darin anbraten.

3. Die Orangen pellen, in Stücke schneiden und sie mit dem Wein und dem Ingwer in den Hühnertopf geben. Den Topf schließen und das Ganze knapp 30 Minuten köcheln lassen.

4. Nach dem Kochen und Abschmecken das Hähnchenfleisch auf einer Platte anrichten. Etwas Soße über das Huhn geben, die restliche Soße separat zur Mahlzeit reichen.

Zubereitungszeit: 45 Minuten
Kochzeit: 30 Minuten

Entenbrust im Teigmantel

Für 4 Personen

Einkaufsliste
4 große Stücke Entenbrust
Salz
Pfeffer
4 Eier
6 gehäufte EL Mehl
1 Tasse Weißwein
Milch
Butter

1. Das Entenbrust-Fleisch waschen, mit einem Küchentuch trockentupfen
und die Entenbrüste salzen und pfeffern.

2. Aus den Eiern, dem Mehl und dem Wein einen Teig rühren und dabei so viel Milch dazugeben,
dass der Teig eine feste Konsistenz hat.

3. Die Entenbrust-Stücke in den Teig legen. Die Butter in eine Pfanne geben,
die Entenbrüste darin goldgelb anbraten, abschmecken und sofort servieren.

Zubereitungszeit: 30 Minuten
Kochzeit: 10 Minuten

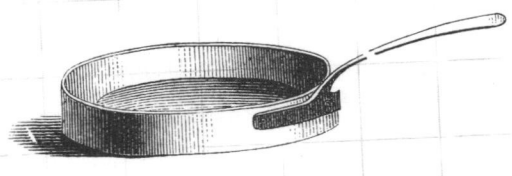

Knoblauch-Walnuss-Huhn

Für 4 Personen

Einkaufsliste

1 Huhn
Salz
Pfeffer
Paprikapulver
Öl
500 ml Hühnerbrühe
4 Knoblauchzehen
Gehackte Walnüsse

1. Das Hähnchen von innen und außen mit Kaltwasser abspülen,
mit einem sauberen Küchentuch trockentupfen, mit Salz, Pfeffer
und Paprikapulver einreiben und mit Öl bestreichen.

2. Das Huhn in einen Bräter legen, bei 180°C im Ofen knapp eine Stunde braten.

3. Die Hühnerbrühe in einen Topf geben und erwärmen. Den Knoblauch schälen,
mit einer Presse zerdrücken und in den Topf geben.

4. Diese Brühe durch ein Sieb seihen und auffangen.

5. Das Huhn aus dem Ofen nehmen, auf einer Platte anrichten und mit
den Walnüssen garnieren. Die Hühnersoße nach Belieben abschmecken,
in eine Soßenschüssel geben und mit dem Huhn zu Tisch bringen.

Zubereitungszeit: 45 Minuten
Bratzeit: 60 Minuten

Gänsebraten

Für 4 Personen

Einkaufsliste

1 küchenfertige Gans
Salz
Pfeffer
Fenchel
Kümmel
Öl
500 g Birnen
250 g durchwachsener Speck
3 Zwiebeln
15 Wacholderbeeren
2 l Gänsebouillon
100 ml Wasser
5 EL Honig

1. Die Gans von innen und außen unter Kaltwasser abspülen,
mit einem Küchentuch trockentupfen, mit Salz, Pfeffer, Fenchel und Kümmel
einreiben und mit Öl bestreichen.

2. Den Ofen auf 200 °C Unterhitze vorheizen.

3. Die Birnen schälen, das Kerngehäuse entfernen, die Birnen klein schneiden.
Den Speck würfeln, die Zwiebeln schälen und fein hacken.
Alle diese Zutaten mit den Wacholderbeeren in einem Mixer vermischen,
mit Salz und Pfeffer abschmecken und in die Gans füllen.
Die Gans zunähen, in den Bräter legen und im Ofen braten.

4. Nach 20 Minuten die Gans auf allen Seiten mit einer Küchennadel einstechen,
damit das Fett auslaufen kann. Den Bräter aus dem Ofen nehmen,
die Gänsebouillon in den Bräter gießen und die Gans während des Bratens
öfter mit dieser Flüssigkeit begießen.

5. Nach weiteren 40 Minuten die Gans umdrehen. Nach weiteren 50 Minuten
die Oberhitze einschalten, das Wasser mit dem Honig verrühren,
die Gans mit dem Gemisch beträufeln und sie 10 Minuten bräunen lassen.

6. Nach der Bratzeit die Gans aus dem Ofen nehmen und auf einer Platte anrichten.
Die Bratensoße nach Belieben mit Salz und Pfeffer abschmecken,
durch ein Sieb passieren, auffangen und in eine Schüssel geben.
Die Gans und die Soße servieren.

Zubereitungszeit: 60 Minuten
Kochzeit: 120 Minuten

Huhn in Rosenwasser

Für 4 Personen

Einkaufsliste
1 Hühnchen
1 TL Salz
½ TL Pfeffer
1 TL Koriander
2 TL Zimt
Butter
2 EL Weinessig
2 EL Olivenöl
120 g Mandeln
½ Tasse Zucker
4 EL Rosenwasser

1. Das Hühnchen von innen und außen unter fließendem, kaltem Wasser abspülen, trockentupfen, mit Salz, Pfeffer, Koriander und Zimt einreiben und mit Öl bestreichen.

2. Das Hühnchen in einen Bräter legen und bei 180°C 50 Minuten braten.

3. Den Braten mit Butter bestreichen und ihn im Ofen noch fünf Minuten bräunen lassen.

4. Die Mandeln mit dem Zucker und dem Rosenwasser in einen Mixer geben und zerkleinern. Das Gemisch in den Bräter gießen und das Hühnchen noch fünf Minuten mit dem Gemisch braten lassen.

5. Nach dem Braten das Hühnchen aus dem Ofen nehmen, auf einer Platte anrichten. Die Bratensoße durch ein Sieb in eine Terrine abgießen und zusammen mit dem Hähnchen zu Tisch bringen.

Zubereitungszeit: 45 Minuten
Kochzeit: 55 Minuten

Huhn in Traubensaft

Für 4 Personen

Einkaufsliste
4 Hühnerschenkel
Salz
Pfeffer
Öl
1 l Traubensaft
Dill
Bohnenkraut
Koriander

1. Die Hühnerschenkel mit Kaltwasser abspülen, trockentupfen,
mit Salz und Pfeffer würzen und mit Öl bestreichen.

2. Den Traubensaft in einen Topf füllen und ihn kochen lassen,
bis die Flüssigkeit zur Hälfte verbraucht ist.

3. Die Hühnerschenkel in einer Pfanne anbraten. Den Traubensaft in die Pfanne füllen,
das Ganze mit Dill, Bohnenkraut und Koriander nach Geschmack
verfeinern und knapp 30 Minuten köcheln lassen.

4. Nach dem Braten die Hühnerschenkel aus der Pfanne nehmen, auf Tellern anrichten,
die Hühnersoße nach Belieben mit Salz und Pfeffer abschmecken,
durch ein Sieb passieren, auffangen, sie über dem Geflügel verteilen
und die Speise servieren.

Zubereitungszeit: 30 Minuten
Kochzeit: 30 Minuten

Milch-Huhn

Für 4 Personen

Einkaufsliste
4 große Hühnerbrüste
Salz
Pfeffer
2 Safranfäden
1 Tasse Weißwein
4 Eier
6 gehäufte EL Mehl
1 TL Anis
Milch
Butter
Senf

1. Die Hühnerbrüste waschen, mit einem Küchentuch trockentupfen und salzen und pfeffern.

2. Den Safran mit dem Wein aufkochen und abkühlen lassen.

3. Aus den Eiern, dem Mehl, dem Safranwein und dem Anis einen Teig rühren und dabei so viel Milch dazugeben, dass der Teig eine feste Konsistenz hat.

4. Die Hühnerstücke in den Teig legen. Die Butter in eine Pfanne geben und die Hühnerbrüste darin goldgelb anbraten.

5. Zum Verspeisen der Hühnerstücke Senf reichen.

Zubereitungszeit: 45 Minuten
Kochzeit: 20 Minuten

Kalte Ente

Für 4 Personen

Einkaufsliste

4 große Stücke Entenbrustfleisch
Salz
Pfeffer
Öl
1 Tasse Weißwein
¼ Tasse Zucker
½ Tasse Honig
1 TL Nelken
1 TL Muskat
1 TL Ingwer
½ Tasse Rosinen

1. Das Entenbrust-Fleisch waschen, mit einem Küchentuch trockentupfen
und die Entenbrüste salzen, pfeffern und mit Öl einreiben.

2. Das Entenbrustfleisch in Würfel schneiden und in einem Topf knusprig anbraten.
Danach aus dem Topf nehmen und abkühlen lassen.

3. Den Wein und den Zucker in einen Topf füllen und das Gemisch
ungefähr zehn Minuten kochen, bis es dick wird. Honig, Nelken, Muskat,
Ingwer und Rosinen in das Wein-Zucker-Gemisch geben
und nochmals fünf Minuten kochen.

4. Das Entenfleisch auf Tellern anrichten und den heißen Sirup darübergießen,
gut abkühlen lassen und kalt servieren.

Zubereitungszeit: 30 Minuten
Kochzeit: 30 Minuten

Poularde

Für 4 Personen

Einkaufsliste

1 Poularde
Salz
Pfeffer
Öl
Petersilie
12 in Öl eingelegte Sardellen
1 Handvoll Kapern
6 Eier
200 ml Öl
Essig

1. Die Poularde von innen und außen mit Kaltwasser abspülen,
mit einem sauberen Küchentuch trockentupfen, mit Salz und Pfeffer einreiben
und mit Öl bestreichen.

2. Die Poularde in einen Bräter legen, bei 180°C im Ofen knapp eine Stunde braten.

3. Die Petersilie waschen und klein schneiden.

4. Die Sardellen mit den Kapern, den Eiern und dem Öl in einem Mixer zerkleinern,
das Gemisch aufkochen, abkühlen, nach Geschmack mit Essig verfeinern.

5. Nach dem Braten die Poularde aus dem Ofen nehmen, sie auf einer Platte anrichten,
die Sardellensoße in eine Schüssel gießen, Petersilie darüberstreuen
und die Soße mit der Poularde zur Mahlzeit reichen.

Zubereitungszeit: 45 Minuten
Koch-/Bratzeit: 70 Minuten

Romanisches Huhn

Für 4 Personen

Einkaufsliste
1 kg Hähnchenbrust oder -schenkel
Salz
Pfeffer
Curry
3 Zwiebeln
4 Scheiben durchwachsener Speck
500 ml Kokosmilch

1. Das Hähnchenfleisch waschen, mit Küchentüchern trockentupfen, salzen, pfeffern, mit Curry einreiben und mit Öl bestreichen.

2. Die Zwiebeln schälen, das Hühnerfleisch, den Speck und die Zwiebeln in kleine Stücke schneiden, Butter in einem großen Topf auslassen, den Speck und die Zwiebeln darin anbraten.

3. Das Hühnerfleisch hinzugeben und ebenfalls anbraten. Die Kokosmilch hinzugeben und das Ganze knapp 30 Minuten köcheln lassen.

Zubereitungszeit: 45 Minuten
Kochzeit: 30 Minuten

Rosmarin-Ente

Für 4 Personen

Einkaufsliste

1 Ente
Salz
Pfeffer
Rosmarin
Öl
2 Zwiebeln
200 g Tomaten
250 ml Bouillon
100 ml Wasser
5 EL Honig

1. Die Ente von innen und außen unter Kaltwasser abspülen, mit einem Küchentuch trockentupfen, mit Salz, Pfeffer und kräftig mit Rosmarin einreiben, danach mit Öl bestreichen.

2. Die Zwiebeln schälen, die Tomaten waschen, beides in Würfel schneiden und in einen Bräter geben.

3. Die Ente in den Bräter legen und die Bouillon dazu geben. Den Bräter in den Ofen schieben und die Ente bei 170 °C eine Stunde braten. Zwischendurch die Ente immer wieder mit der Bouillon beträufeln.

4. Nach der einen Stunde Bratzeit die Ente wenden und noch weitere 60 Minuten braten.

5. Zehn Minuten vor Ende der Bratzeit das Wasser mit dem Honig verrühren und die Ente damit bestreichen.

6. Nach dem Bratvorgang die Ente aus dem Ofen nehmen und auf einer Platte anrichten. Die Bratensoße durch ein Sieb in eine Terrine füllen und zusammen mit der Ente zu Tisch bringen.

Zubereitungszeit: 45 Minuten
Bratzeit: 120 Minuten

Schinken-Huhn in Salbei

Für 4 Personen

Einkaufsliste
1 Hühnchen
Salz
Pfeffer
Öl
5 Tassen Mehl
2 Tassen Wasser
3 EL getrockneter Salbei
250 g roher Schinken

1. Das Hühnchen von innen und außen unter kaltem Wasser abspülen, trockentupfen, mit Salz und Pfeffer einreiben und mit Öl bestreichen.

2. Aus dem Mehl und dem Wasser einen festen Teig kneten. Den Salbei über den Teig streuen. Den Schinken in Streifen schneiden und über den Salbei legen.

3. Das Hühnchen in den Schinkenteig wickeln, in einen Bräter legen und bei 160 °C zwei Stunden backen. Zwischendurch bei der Hälfte der Backzeit das Hähnchen einmal umdrehen. Das sich bildende Bratfett von Zeit zu Zeit über das Huhn gießen.

4. Nach der Bratzeit das Hühnchen aus dem Ofen nehmen, auf einer Platte anrichten. Die Bratensoße nach Belieben abschmecken, durch ein Sieb in eine Terrine abgießen und zusammen mit dem Hähnchen zu Tisch bringen.

Zubereitungszeit: 45 Minuten
Backzeit: 120 Minuten

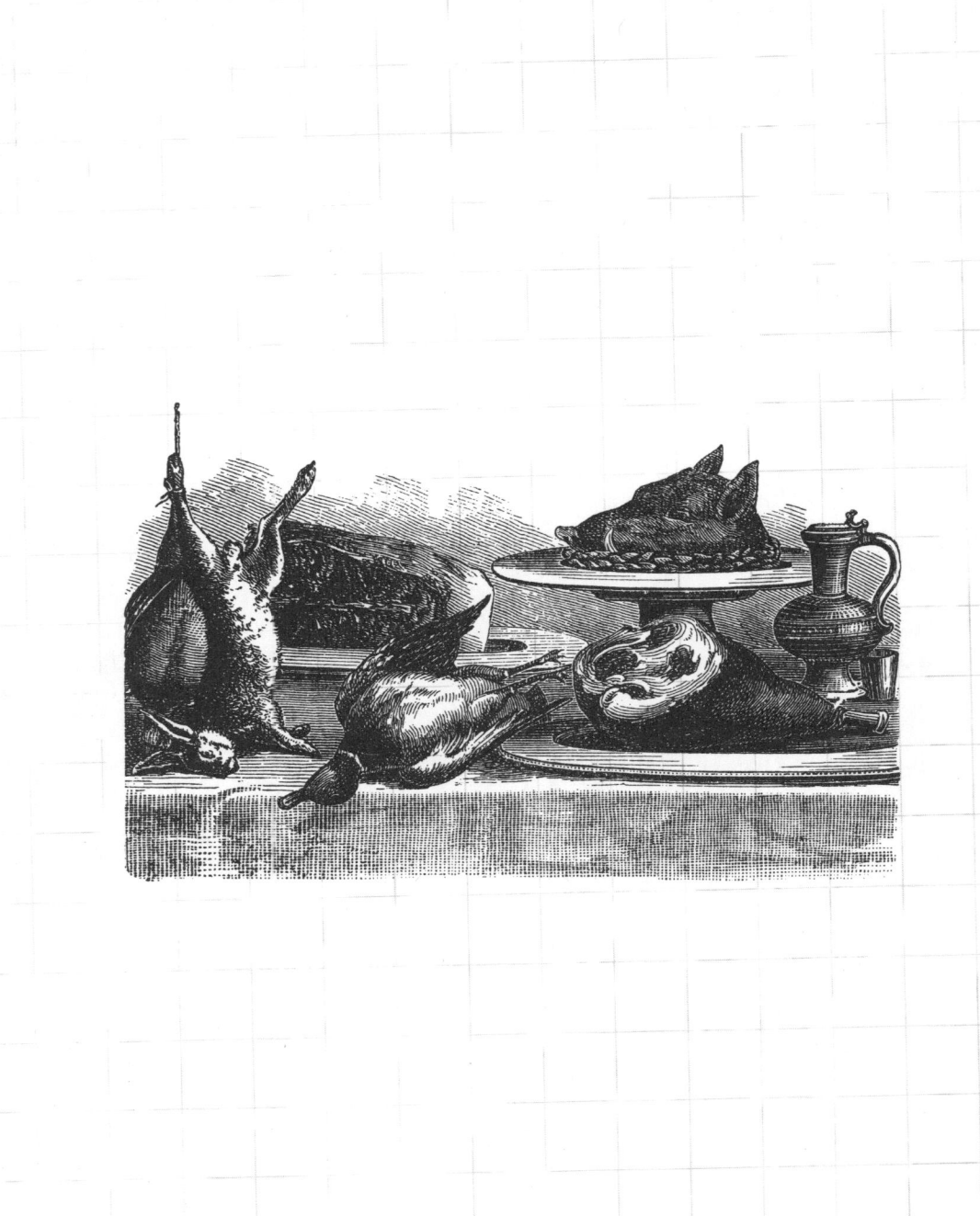

Allerley Wild

Der Begriff Wild ist die Bezeichnung für Haar- und Federtiere (darunter Füchse, Hasen oder Fasane), die bejagt werden können.

Die Jagd war im Mittelalter ein wichtiges Ereignis. Sie hatte eine gesellschaftliche, kulturelle und wirtschaftliche Funktion. Im Frühmittelalter diente sie hauptsächlich der Existenzsicherung. Zur Jagd berechtigt waren zu jener Zeit noch alle gesellschaftlichen Schichten. Der Adel beanspruchte jedoch mit dem Voranschreiten der mittelalterlichen Lebensform immer mehr das Jagdrecht als Privileg, und so entwickelte sich die Jagd zu einem Festakt der höfischen Kultur.

Parallel dazu wurde die Jagdberechtigung von Bauern und der Landbevölkerung immer mehr eingeschränkt und letztlich zurückgedrängt.

Auf der mittelalterlichen Speisekarte standen häufig Rotwild, Wachteln oder Wildschwein. Für die Zubereitung des Fleisches wurden viele Gewürze verwendet. Gebräuchliche Gartenkräuter waren Dill, Koriander, Kümmel, Petersilie, Salbei, Rosmarin und Wacholder. Wenn Sie die folgenden Rezepte ausprobieren möchten, sollten Sie diese Kräuter zur Hand haben. Wir wünschen viel Spaß beim Kochen und guten Appetit!

Gämsenfleisch

Für 4 Personen

Einkaufsliste

2 Zwiebeln
2 Knoblauchzehen
¼ l Rotwein
1 kg Gämsenfleisch
Salz
Pfeffer
1 Karotte
1 Sellerieknolle
2 EL Butter
4 schwarze Pfefferkörner
3 EL Wacholderbeeren
2 EL Preiselbeeren

1. Die Zwiebeln und den Knoblauch schälen, die Zwiebeln klein schneiden
und den Knoblauch zerdrücken, beides in einen Bräter geben,
den Rotwein hinzufüllen und das Gemisch zu einer Marinade verrühren.

2. Das Gämsenfleisch waschen, trockentupfen, salzen, pfeffern
und zwei Tage in die Marinade legen, mit einem Deckel verschließen
und durchziehen lassen, dabei das Fleisch öfter wenden.

3. Nach dem Durchziehen des Fleisches die Karotte und den Sellerie schälen
und klein schneiden. Die Butter in einer Pfanne erhitzen, die Karotte und
den Sellerie darin andünsten, die Pfefferkörner und Wacholderbeeren
hinzugeben und alles kurz erwärmen.

4. Den Bräter mit dem Fleisch im Ofen bei 200 °C eine Stunde
zugedeckt schmoren lassen, den Deckel abnehmen,
den Bratenfond mit einem Löffel über das Fleisch gießen
und das Fleisch weitere 30 Minuten braten lassen.
Dabei immer wieder mit dem Bratenfond beträufeln.

5. Nach der Bratzeit den Ofen ausschalten und den Bräter mit dem Fleisch
noch zehn Minuten im Ofen ruhen lassen.

6. Das Fleisch auf einer Platte anrichten. Die Bratensoße
durch ein Sieb in einen Topf füllen, die Preiselbeeren dazugeben,
die Soße kurz aufkochen lassen und mit Salz und Pfeffer abschmecken.
Die Soße in eine Schüssel füllen
und mit der Fleischplatte servieren.

Zubereitungszeit: 45 Minuten (ohne Wartezeit)
Kochzeit: 90 Minuten

Gefüllte Wildente

Für 4 Personen

Einkaufsliste
1 Wildente
Pfeffer
Salz
Majoran
4 säuerliche Äpfel
6 Scheiben Speck
50 g Butter
6 cl Calvados
¼ l Wasser
4 EL saure Sahne

1. Die küchenfertige Wildente waschen, trocknen, innen pfeffern
und außen kräftig mit Salz, Pfeffer und Majoran einreiben.

2. Die Äpfel waschen, halbieren, entkernen, klein schneiden,
die Ente damit füllen und mit Küchengarn zunähen.

3. Die Ente mit dem Speck umwickeln, alles mit Küchengarn festbinden
und die Ente in einen Bräter legen.

4. Die Butter in einem Topf zerlassen und sie über die Ente gießen.

5. Den Calvados und das Wasser in einer Tasse verrühren.

6. Die Ente im vorgeheizten Ofen bei 225 °C 30-40 Minuten braten,
dabei hin und wieder mit dem Bratfett
und der Mischung aus Calvados und Wasser übergießen.

7. Nach der Bratzeit den Speck von der Ente lösen
und sie noch zehn Minuten im Ofen braten lassen, bis sie knusprig braun ist.
Im ausgeschalteten Ofen noch zehn Minuten ruhen lassen.

8. Die Ente aus dem Ofen nehmen und auf einer Platte anrichten,
die Bratensoße durch ein Sieb in einen Topf gießen, die Sahne unterrühren,
das Gemisch kurz aufkochen lassen, abschmecken und in eine Soßenschüssel geben.

9. Die Ente mit der Soße servieren.

Zubereitungszeit: 60 Minuten
Bratzeit: 45 Minuten

Gegrillte Wachteln

Für 2 Personen

Einkaufsliste

4 Wachteln
Pfeffer
Salz
Öl
300 g Backpflaumen
4 Scheiben Speck
6 Scheiben Roggenbrot
½ l Weißweinessig
Ingwer
Pfeffer
Kümmel

1. Die Wachteln mit Kaltwasser waschen, trockentupfen, mit Pfeffer und Salz einreiben und mit Öl bestreichen. Die Backpflaumen in die Bauchöffnungen der Wachteln stecken und die Wachteln mit Küchengarn zubinden.

2. Je eine Wachtel mit einer Scheibe Speck umwickeln und ihn mit Küchengarn fixieren.

3. Die Wachteln aufspießen und bei 180 °C knapp 15 Minuten im Grill braten.

4. Von sechs Scheiben Roggenbrot die Rinde abtrennen und das Brot zerkleinern, es in einen Topf füllen und den Weißweinessig hinzugeben, nach Geschmack mit Ingwer, Pfeffer und Kümmel würzen und die Soße aufkochen, bis sie sämig wird.

5. Nach dem Grillen die Wachteln vom Spieß nehmen, auf Tellern anrichten, die Soße in eine Schüssel füllen und mit den Wachteln zusammen zu Tisch bringen.

Zubereitungszeit: 30 Minuten
Bratzeit: 15 Minuten

Hase in Traubensaft

Für 4 Personen

Einkaufsliste
5 Zwiebeln
1 Hase
½ Tasse Korinthen
2 Tassen Wasser
6 EL heller Traubensaft
1 EL Butter
1 Handvoll Granatapfelkerne

1. Die Zwiebeln schälen und würfeln.

2. Den küchenfertigen Hasen waschen, trockentupfen, salzen und pfeffern.

3. Die Zwiebeln und den Hasen in einen Bräter geben, die Korinthen über den Hasen streuen.

4. Das Wasser, den Traubensaft und die Butter in den Bräter füllen.

5. Den Hasen im Ofen zwei Stunden bei 180 °C garen lassen, zwischendurch immer wieder mit der Bratensoße beträufeln.

6. Nach dem Bratvorgang den Hasen mit einer Küchenschere halbieren und auf eine Servierplatte legen, die Bratensoße noch rasch abschmecken, über den Hasen gießen, ihn mit den Granatapfelkernen bestreuen und servieren.

Zubereitungszeit: 30 Minuten
Bratzeit: 120 Minuten

Hirschragout

Für 4 Personen

Einkaufsliste

1 kg Hirschfleisch
Salz
Pfeffer
40 g Speck
100 g Butter
1 Bund Suppengrün
2 Zwiebeln
2 TL Wacholderbeeren
1 Lorbeerblatt
1 Thymianzweig
⅛ l Rotwein
⅛ l Wildfond
1 EL Stärkemehl

1. Das Hirschfleisch waschen, mit einem Messer von Sehnen
und weißen Häuten trennen.

2. Das Fleisch salzen und pfeffern und in kleine Würfel schneiden.

3. Den Speck in Stücke schneiden, in einem Schmortopf die Butter erhitzen
und den Speck darin anbraten, ihn aus dem Schmortopf nehmen und beiseite legen.

4. Das Hirschfleisch in den Schmortopf geben, kräftig anbraten,
aus dem Topf nehmen, auf einen Teller legen und mit einem sauberen Tuch abdecken.

5. Das Suppengrün waschen, die Zwiebeln schälen, beides in Würfel schneiden.

6. Die Zwiebeln und das Suppengrün in den Schmortopf geben,
die Wacholderbeeren, das Lorbeerblatt und den Thymianzweig mit in den Topf füllen,
alles kurz erhitzen und mit 2 bis 3 Esslöffel Wasser ablöschen.

7. Das Hirschfleisch wieder in den Schmortopf geben
und auch den Rotwein einfüllen. Einen Deckel auf den Schmortopf legen
und das Hirschfleisch bei milder Hitze knapp 45 Minuten garen lassen.

8. Nach dem Schmoren den Thymianzweig aus dem Schmortopf entfernen,
den Wildfond erhitzen, in den Schmortopf gießen und kurz aufköcheln.

9. Das Hirschfleisch aus dem Schmortopf nehmen, auf Tellern anrichten.
Die Schmorsoße durch ein Sieb in einen Topf füllen und mit Pfeffer und Salz würzen.

10. Das Stärkemehl mit etwas kaltem Wasser glatt verrühren
und in die Schmorsoße füllen, das Ganze kurz aufkochen lassen.
Die Soße in eine Schüssel füllen und mit dem Hirschfleisch servieren.

Zubereitungszeit: 45 Minuten
Kochzeit: 45 Minuten

Kaninchenbraten

Für 4 Personen

Einkaufsliste
3 Zwiebeln
4 Knoblauchzehen
4 EL Butter
1 kg Kaninchen
Pfeffer
Salz
Öl
1 TL Fenchel
250 ml Rotwein

1. Die Zwiebeln und die Knoblauchzehen schälen und zerkleinern,
die Butter in einer Pfanne schmelzen, die Zwiebeln
und den Knoblauch dazugeben und kurz dünsten.

2. Das Kaninchen waschen, pfeffern, salzen, mit Öl einreiben
und in einen Bräter legen.

3. Zuerst die Zwiebeln und den Knoblauch, dann den Fenchel und den Rotwein in den Bräter geben,
ihn mit einem Deckel schließen und das Kaninchen bei 180 ° C zwei Stunden schmoren lassen.

4. Nach dem Braten das Kaninchen auf einer Platte anrichten,
die Bratensoße nach Belieben mit Salz und Pfeffer abschmecken,
durch ein Sieb in eine Schüssel füllen
und die Soße mit dem Kaninchen zu Tisch reichen.

Zubereitungszeit: 30 Minuten
Bratzeit: 120 Minuten

Gesüßtes Kaninchen

Für 4 Personen

Einkaufsliste
800 g Kaninchenfleisch
300 mg Mehl
Öl
250 g Korinthen
1 TL Zimt
4 EL Cidre-Essig
100 g Rosinen
2 TL Ingwer
8 Pfefferkörner
3 Nelken
700 ml Muskateller

1. Das Fleisch waschen, trockentupfen und klein schneiden.

2. Das Mehl in eine Schüssel geben und das Fleisch darin wälzen.
Öl in einer Pfanne erhitzen und das Fleisch darin anbräunen.
Auf kleine Flamme stellen.

3. Die Korinthen, den Zimt, den Essig, die Rosinen, den Ingwer, die Pfefferkörner,
die Nelken und den Muskateller in einen Topf füllen und erwärmen,
sodass alles eine Marinade ergibt.

4. Die Marinade über das Fleisch geben, die Pfanne mit einem Deckel schließen
und das Fleisch knapp 50 Minuten garen lassen.

5. Das Fleisch mit der Bratensoße auf Tellern anrichten und servieren.

Zubereitungszeit: 30 Minuten
Bratzeit: 50 Minuten

Marinierter Fasan

Für 4 Personen

Einkaufsliste

3 Zwiebeln
½ l Rotwein
2 Lorbeerblätter
Rosmarin
Thymian
schwarzer Pfeffer
500 g Wacholderbeeren
30 ml Essig
¼ l Öl
1,2 kg Fasan
Salz
Pfeffer

1. Die Zwiebeln schälen und würfeln.

2. Den Rotwein, die Lorbeerblätter, je eine Prise Rosmarin, Thymian und schwarzen Pfeffer, die Wacholderbeeren, den Essig und das Öl verrühren und in einen Bräter geben.

3. Den küchenfertigen Fasan waschen, trockentupfen, salzen, pfeffern und ihn eine Nacht zu der Marinade in den Bräter legen. Den Bräter mit einem Deckel schließen.

4. Nach dem Marinieren den Fasan bei 220 °C ungefähr eine Stunde im Ofen braten. Zwischendurch mit der Bratensoße beträufeln.

5. Nach dem Bratvorgang den Fasan auf einem Servierteller anrichten, die Soße aus dem Bräter durch ein Sieb in eine Schüssel geben und den Fasan und die Soße zu Tisch reichen.

Zubereitungszeit: 30 Minuten (ohne Wartezeit)
Bratzeit: 60 Minuten

Rebhuhn

Für 4 Personen

Einkaufsliste
1 Bund Suppenkraut
1 Petersilienwurzel
1 Prise Muskat
3 schwarze Pfefferkörner
1 Lorbeerblatt
1 Prise Thymian
1 ½ l Hühnerbrühe
4 Rebhühner
Salz
Pfeffer
5 EL Honig
2 TL Senfpulver
2 TL Ingwer

1. Das Suppenkraut und die Petersilienwurzel putzen und in kleine Stücke schneiden.
Dieses gemischte Kraut mit Muskat, Pfeffer, Lorbeerblatt und Thymian in einen Topf
mit der Hühnerbrühe füllen und alles kurz aufkochen.

2. Die Rebhühner waschen, trockentupfen, salzen, pfeffern, sie in einen großen Bräter legen,
die Hühnerbrühe darübergießen und den Inhalt des Bräters knapp 30 Minuten kochen.

3. Kurz bevor die Rebhühner gar sind, den Honig in einem Topf erhitzen, das Senfpulver
und den Ingwer untermischen.

4. Nach der Garzeit die Rebhühner aus der Brühe nehmen, mit einer Küchenschere halbieren,
auf einer Platte anrichten, sie mit der Honigsoße beträufeln und servieren.

Zubereitungszeit: 45 Minuten
Kochzeit: 30 Minuten

Reh im Teigmantel

Für 4 Personen

Einkaufsliste
3 EL Schmalz
250 g Mehl
2 Eier
Salz
1 kg Rehrücken
Pfeffer
Ingwer
Kümmel
1 Streifen Speck
1 Eigelb

1. Das Schmalz in einem Topf erhitzen und etwas abkühlen lassen.

2. Das Mehl in eine Rührschüssel geben, in der Mitte eine Vertiefung eindrücken,
in diese die Eier, eine Prise Salz und das abgekühlte Schmalz füllen.

3. Den Teig kneten und einige Zeit ruhen lassen.

4. Währenddessen den Rehrücken waschen, trockentupfen, salzen, pfeffern,
mit Ingwer und Kümmel einreiben
und den Speck über das Rehfleisch legen.

5. Den Teig dünn ausrollen und das Fleisch darin einschlagen.
Den Teig mit dem Eigelb bestreichen.

6. Das eingerollte Fleisch in einen Bräter legen, ihn in den Ofen stellen
und bei 180°C knapp 90 Minuten backen.

Zubereitungszeit: 60 Minuten
Backzeit: 90 Minuten

Rehleber

Für 2 Personen

Einkaufsliste

75 g durchwachsener Speck
2 Schalotten
600 g Rehleber
1 Scheibe Roggenbrot
⅛ l Rinderbrühe
2 EL Rotwein
1 EL Rotweinessig
Pfeffer
Salz
1 Bund Petersilie

1. Den Speck würfeln, die Schalotten schälen und ebenfalls würfeln,
den Speck in einer Pfanne bei großer Hitze kurz anbraten,
die Hitze mindern und die Schalotten hinzugeben.

2. Die Rehleber waschen, trockentupfen, in kleine Stücke teilen,
in die Pfanne geben und knapp zehn Minuten garen.

3. Das Roggenbrot von seiner Kruste trennen und in einen Topf geben,
die Rinderbrühe einfüllen, beides zusammen erwärmen und in die Pfanne geben.
Auch den Rotwein und den Rotweinessig in die Pfanne gießen.
Alles gut verrühren, kurz aufkochen und kräftig mit Pfeffer und Salz abschmecken.

4. Die Petersilie waschen, fein hacken, die Leber auf Tellern anrichten,
die Petersilie darüber streuen und das Fleisch servieren.

Zubereitungszeit: 45 Minuten
Bratzeit: 20 Minuten

Wachteln

Für 2 Personen

Einkaufsliste
4 Wachteln
Salz
Pfeffer
75 g durchwachsener Speck
2 cl Rotwein
2 Safranfäden

1. Die küchenfertigen Wachteln waschen, salzen und pfeffern,
den Speck in Scheiben schneiden und ihn um die Wachteln wickeln,
eventuell mit Küchengarn festbinden.

2. Die Wachteln in einem Schmortopf bei mittlerer Hitze
im Ofen knapp 25 Minuten bei 180°C braten, dabei mehrfach wenden.

3. Nach dem Bratvorgang den Speck entfernen und die Wachteln noch fünf Minuten
im ausgeschalteten Ofen nachbräunen lassen.

4. Die Wachteln aus dem Ofen nehmen, mit einer Küchenschere halbieren
und auf Tellern anrichten.

5. Den Rotwein in die Bratensoße geben, kurz aufkochen,
die Soße mit den Safranfäden würzen
und zum Servieren die Soße über die Wachteln gießen.

Zubereitungszeit: 45 Minuten
Bratzeit: 30 Minuten

Wildschweinrücken

Für 6 Personen

Einkaufsliste

2 kg Wildschweinrücken	½ l roter Traubensaft
Salz	250 g Butter
Pfeffer	3 Eier
Thymian	6 EL Semmelbrösel
Salbei	1 TL Zucker
Öl	Zimt
1 Zwiebel	Ingwer
2 Karotten	150 g dunkle Weintrauben
Sellerieknolle	8 EL süße Sahne

1. Den Wildschweinrücken waschen, trockentupfen, mit Salz, Pfeffer, Thymian und Salbei würzen, mit Öl einreiben und in einen Bräter legen.

2. Die Zwiebeln, die Karotten und den Sellerie schälen und würfeln und mit dem Traubensaft in den Bräter geben.

3. Den Bräter in den Ofen stellen und das Fleisch bei 180 °C etwa 90 Minuten mit Deckel schmoren lassen, zwischendurch mit der Soße beträufeln. Inzwischen aus der Butter, den Eiern, den Semmelbröseln, Zucker, Zimt und Ingwer eine cremige Paste rühren.

4. Nach den 90 Minuten Bratzeit das Fleisch aus dem Bräter nehmen, abtropfen lassen und auf ein Backblech legen. Das Fleisch mit der Paste bestreichen und bei 200°C nochmals knapp zehn Minuten überbacken, bis die Kruste goldbraun und knusprig geworden ist.

5. Wenn der Braten fertig ist, die Soße durch ein Sieb passieren, die Weintrauben und die Sahne in die Soße geben und aufkochen lassen. Das Wildschwein-Fleisch auf einer Platte anrichten und mit der Soße zusammen servieren.

Zubereitungszeit: 45 Minuten
Kochzeit: 100 Minuten

Allerley Fisch

Alle Bevölkerungsschichten aßen im Mittelalter Fisch. Die Bauern fischten mit Reusen, Netzen und Angeln zum Beispiel Karpfen, Hechte und Forellen. Beim Hofadel kamen auch Salm, Neunaugen und Hausen zu Tisch.

Der Bedarf an Fisch soll sogar zu einer Überfischung der Binnengewässer geführt haben. Überliefert ist, dass sich im 11. und 12. Jahrhundert die Tagelöhner in der Normandie darüber beklagt hätten, dass sie zu oft Lachs vorgesetzt bekämen, während sein Bestand im 15. Jahrhundert so geschrumpft sein soll, dass der französische Hof den Lachs als Luxusgut aus Irland, Schottland und Burgund importieren musste. Unter anderem aus diesem Grund war der Adel daran interessiert, den Fischfang zu reglementieren und einzuschränken. Man schrieb zum Beispiel die Größe der Öffnungen von Reusen vor oder sprach ein Fischverbot während der Laichzeit aus.

Als das Fischen in Teichen und Bächen Regeln unterworfen war, gewann der Zugang zu Seefisch an Bedeutung. Gedörrter, geräucherter und gesalzener Stockfisch soll eine beliebte Delikatesse gewesen sein. Zudem bestand in Europa ein reger Handel mit Hering und Kabeljau.

Wenn Sie wissen möchten, wie die Menschen im Mittelalter den Fisch zubereitet haben, probieren Sie unsere Fisch-Rezepte aus! Zur Beilage können Sie heutzutage Salz-Kartoffeln oder andere Beilagen Ihrer Wahl reichen!

Aal in Gewürzsoße

Für 4 Personen

Einkaufsliste

1 kg Aal
600 ml Fischfond
4 EL Petersilie
2 EL Minze
1 TL Rosmarin
1 TL Salbei
2 Knoblauchzehen
½ Tasse Brotkrumen
1 TL Salz
2 EL Poudre Forte
4 Nelken
4 EL Essig

1. Den Aal ausnehmen, säubern, in Stücke schneiden, salzen.

2. Die Aal-Stücke mit dem Fischfond in einen Topf geben und 20 Minuten köcheln lassen, bis er weich ist.

3. Die Petersilie waschen, trockentupfen, klein schneiden
und mit der Minze, dem Rosmarin und dem Salbei in eine Schüssel geben.

4. Die Knoblauchzehen schälen, zerdrücken, drei Scheiben Brot ohne Kruste klein schneiden
und mit dem Salz, dem Poudre Forte und den Nelken mit in die Schüssel füllen,
zuletzt den Essig beimischen und das Gemisch mit einem Mörser zerkleinern.

5. Die Aal-Stücke nach dem Kochen über ein Sieb abtropfen lassen, die Fondsoße auffangen
und erneut auf den Herd setzen, die Gewürz-Mischung in die Soße geben,
den Aal in den Topf füllen und nochmals knapp zehn Minuten köcheln lassen.
Nach dem Kochen den Aal in eine Terrine füllen und servieren.

Zubereitungszeit: 45 Minuten
Kochzeit: 30 Minuten

Austern in Biersoße

Für 2 Personen

Einkaufsliste
10 Austern
200 ml Bier
4 Scheiben Brot
1 TL Zimt
1 TL Ingwer
Salz
Pfeffer
Safran

1. Die Austern öffnen, dabei ihr Wasser in einem Topf auffangen.

2. Das Austernfleisch aus der Schale lösen und auf einen Teller legen.

3. Das Bier in den Topf zu der Austernflüssigkeit geben.

4. Das Brot von seiner Kruste trennen, klein bröseln
und in den Topf zu der Austernflüssigkeit geben, das Ganze erwärmen,
Zimt und Ingwer dazugeben und köcheln lassen, bis die Soße sämig ist.

5. Das Austernfleisch in den Kochtopf hinzugeben und es knapp fünf Minuten köcheln lassen,
mit Salz und Pfeffer abschmecken, zuletzt etwas Safran beimischen.

6. Die Austern mit der Soße in eine Schüssel füllen und servieren.

Zubereitungszeit: 30 Minuten
Kochzeit: 10 Minuten

Gebackene Scholle

Für 4 Personen

Einkaufsliste

4 Schollenfilets	1 TL Kreuzkümmel
Zitronensaft	½ TL Asant
Pfeffer	30 g Rosinen
Salz	4 Zweige Thymian
Butter	150 ml trockener Weißwein
2 Zwiebeln	2 EL Weißweinessig
2 TL Koriander	100 g Fetakäse

1. Die Schollenfilets unter fließend kaltem Wasser abspülen, mit Küchenpapier trockentupfen und mit Zitronensaft beträufeln, pfeffern und salzen.

2. In einer beschichteten großen Pfanne Butter erhitzen und die Schollenfilets knapp zehn Minuten von beiden Seiten braten.

3. Nach der Garzeit die Filets aus der Pfanne nehmen und warm stellen. Die Zwiebeln schälen, klein hacken und sie auf dem Boden einer Kasserolle verteilen. Die Fischfilets in die Kasserolle legen.

4. Den Koriander und den Kreuzkümmel in eine Schüssel geben und mischen, auch das Asant und die Rosinen in die Schüssel füllen und alles gut verrühren. Das Gemisch über die Fischfilets verteilen, auch die Thymianzweige auf die Fischfilets legen.

5. Den Wein, den Essig und etwas Salz in einem Topf miteinander verrühren und das Gemisch über die Filets verteilen. Den Fetakäse in dünne Scheiben schneiden, damit den Fisch bedecken, die Kasserolle mit einem Deckel schließen und im Ofen bei 150 °C knapp eine Stunde backen.

6. Nach der Backzeit die Schollenfilets in der Kasserolle zu Tisch bringen.

Zubereitungszeit: 45 Minuten
Back-/Bratzeit: 70 Minuten

Gebratene Forelle

Für 4 Personen

Einkaufsliste
4 Forellen
Zitronensaft
Salz
4 Stiele Salbei
Öl

1. Die Forellen ausnehmen, entgräten, mit Kaltwasser waschen
und mit Küchenpapier trockentupfen. Mit Zitronensaft beträufeln,
zehn Minuten durchziehen lassen, innen und außen mit Salz einreiben,
je einen Zweig Salbei in die Fische legen und sie außen mit Öl bepinseln.

2. Die Forellen auf einem Holzkohlegrill oder in einem Grillofen bei 120°C
knapp fünf Minuten rösten lassen, wenden und nochmals fünf Minuten rösten.

3. Nach dem Grillen die Forellen auf Tellern anrichten und servieren.

Zubereitungszeit: 20 Minuten
Grillzeit: 10 Minuten

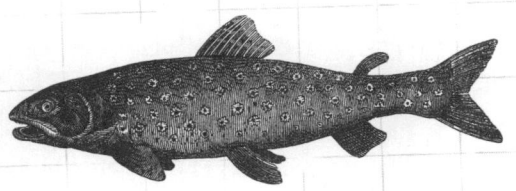

Kaltes Kabeljaufilet

Für 2 Personen

Einkaufsliste
800 g Kabeljaufilet
Zitronensaft
Butter
1 Scheibe Brot
3 EL Wein
3 EL Essig
1 TL Ingwer
2 Zwiebeln
2 EL Mandeln
2 EL Korinthen
1 Nelke
1 TL Zimt

1. Das Kabeljaufilet in Streifen schneiden, mit Zitronensaft beträufeln und salzen.

2. Butter in einer Pfanne zerlaufen lassen
und die Filetstreifen knapp zehn Minuten in der Pfanne dünsten.

3. Das Brot von seiner Kruste trennen und in einer Schüssel zerbröseln,
Wein, Essig und Ingwer beimischen.

4. Die Zwiebeln schälen, klein hacken, die Mandeln in einer Küchenmaschine zerkleinern,
Butter in einer zweiten Pfanne schmelzen lassen, Mandeln und Zwiebeln darin braten
und zu den Zutaten in der Schüssel geben, auch die Korinthen, die Nelke und den Zimt beimengen
und alles gut verrühren.

5. Nach dem Garen die Filetstücke aus der Pfanne heben und auf Tellern anrichten,
den Fisch mit der Soße bedecken und kalt servieren.

Zubereitungszeit: 45 Minuten
Bratzeit: 10 Minuten

Kräuterforelle

Für 4 Personen

Einkaufsliste
4 Forellen
Pfeffer
Salz
4 TL weiche Butter
5 Zweige Thymian
5 Zweige Rosmarin
14 Blätter Minze
4 Blätter Salbei
50 g weiche Butter
1 TL grobes Meersalz
6 Pfefferkörner

1. Die Forellen ausnehmen, kurz mit kaltem Wasser waschen und mit Küchenpapier trockentupfen.
Die Forellen innen und außen mit Pfeffer und Salz würzen.
Je einen Teelöffel weiche Butter in die Bauchhöhlen der Forellen verteilen
und je einen Zweig Thymian und Rosmarin hineinlegen.

2. Die Minze- und Salbeiblätter in einem Mörser klein stoßen und in eine Schüssel geben.
Die weiche Butter einfüllen, das Meersalz und die Pfefferkörner dazugeben
und alles kräftig durchkneten.

3. Einen Grillrost vom Backofen mit Butter bestreichen,
die Forellen auf den Rost legen und mit der Butter-Würzmischung bestreichen.

4. Den Ofen schließen und die Forellen drei Minuten auf der geringsten Grillstufe garen.
Die Forellen vorsichtig wenden und nochmals knapp drei Minuten grillen.
Nach der Garzeit die Forellen aus dem Ofen nehmen, auf Tellern anrichten und servieren.

Zubereitungszeit: 45 Minuten
Bratzeit: 6 Minuten

Graved Lachs

Für 4 Personen

Einkaufsliste

1 kg großes Lachsfilet mit Haut
200 g Salz
100 g Honig
2 EL Pfefferkörner
200 g Wacholderbeeren
200 g Dill

1. Das Filet auf die Hautseite legen.

2. Das Salz, den Honig und die Pfefferkörner in einer Schüssel mischen,
die Wacholderbeeren und den Dill dazugeben und alles gut verrühren.

3. Das Filet mit der Würzmischung einreiben.

4. Das Filet vorsichtig zusammen klappen, so dass die Hautseite außen ist.
Das Filet in Frischhaltefolie einschlagen und in einer verschließbaren Küchentüte
dicht verschließen, so dass der Saft nicht austreten kann.

5. Das verschlossene Filet in einen Tontopf oder ähnlichen Topf legen,
mit einem Brett verschließen und auf das Brett noch einen schweren Topf stellen.

6. Das Filet zwei Tage an einem kühlen Ort beizen.

7. Nach dem Beizen das Filet aus dem Tontopf und den Küchentüten nehmen,
auf Tellern anrichten und servieren.

Zubereitungszeit: 15 Minuten (ohne Wartezeit)

Lachsfilet in Senfsoße

Für 4 Personen

Einkaufsliste
4 Stück Lachsfilet
Zitronensaft
Butter
2 EL Weißweinessig
2 EL Honig
1 TL Tomatenmark
3 EL Senfsaat
150 ml Weißweinessig
2 Knoblauchzehen
175 ml Olivenöl

1. Die Lachsfilets waschen, trockentupfen, salzen und mit Zitronensaft beträufeln.

2. Etwas Butter auf dem Boden eines Bräters verteilen
und die Lachsfilets mit der Hautseite nach unten hineinlegen.

3. Den Weißweinessig, den Honig und das Tomatenmark in eine Schüssel geben, vermischen
und über die Lachsfilets gießen.

4. Den Bräter in den Ofen schieben und die Lachsfilets bei 180°C knapp 30 Minuten garen lassen.

5. In der Zwischenzeit die Senfsoße zubereiten: Dazu die Senfsaat mahlen,
in eine Schüssel geben, die 150 ml Weißweinessig hinzugießen,
den Knoblauch schälen, zerdrücken und mit in die Soßenschüssel geben,
zuletzt die 175 ml Olivenöl in die Schüssel rühren und alles gut vermischen.

6. Nach der Garzeit die Lachsfilets aus dem Ofen nehmen,
die Senfsoße darüberträufeln und das Gericht servieren.

Zubereitungszeit: 45 Minuten
Backzeit: 30 Minuten

Miesmuscheln

Für 2 Personen

Einkaufsliste
750 g Miesmuscheln
2 Zwiebeln
1 Bund Petersilie
90 g Butter
½ Tasse Mehl
500 ml Fischfond
1 Tasse Weißwein
150 g Sahne
Salz
Pfeffer

1. Die Miesmuscheln unter fließend Kaltwasser gut mit einer Bürste abwaschen
und den Muschelbart entfernen.

2. Die Zwiebeln schälen und würfeln. Die Petersilie waschen und klein schneiden.

3. Die Butter in einem Topf zerlassen, die Zwiebeln dazugeben und dünsten, bis sie glasig sind.

4. Das Mehl zu den Zwiebeln in den Topf füllen, gut verrühren und den Fischfond zugeben.
Alles gut umrühren und knapp drei Minuten kochen lassen.

5. Die Miesmuscheln (alle bereits geöffneten Miesmuscheln nicht kochen, sondern wegwerfen) und
den Weißwein in den Kochtopf geben, zum Kochen bringen und knapp zehn Minuten köcheln lassen.

6. Die Sahne ebenfalls in den Topf geben und nochmals kurz aufkochen lassen.
Das Ganze mit Salz und Pfeffer abschmecken. Die Miesmuscheln vom Herd nehmen
und in eine Terrine füllen. Die zuvor klein geschnittene Petersilie über die
Miesmuscheln streuen und das Gericht servieren.

Zubereitungszeit: 45 Minuten
Kochzeit: 20 Minuten

Red Snapper in Orangensoße

Für 4 Personen

Einkaufsliste
4 Filets „Red Snapper"
Zitronensaft
Salz
Pfeffer
2 Zwiebeln
5 Knoblauchzehen
125 ml Orangensaft
2 EL Limonensaft

1. Die küchenfertigen Red Snapper unter fließendem Wasser waschen, mit Küchenpapier trockentupfen, mit Zitronensaft beträufeln und mit Salz und Pfeffer würzen.

2. Den Fisch in einen Bräter geben.

3. Die Zwiebeln und Knoblauchzehen schälen und würfeln und in eine große Schüssel füllen, auch den Orangen- und Limonensaft, einen Teelöffel Salz und einen Teelöffel Pfeffer in die Schüssel geben. Alles gut verrühren.

4. Die Zutaten aus der Schüssel über den Fisch in den Bräter geben und den Fisch zwei Stunden im Kühlschrank kühlen.

5. Nach der Kühlzeit die Red Snapper aus der Marinade heben, sie auf ein Grillgitter legen und in einem elektrischen Grill bei 180 °C fünf Minuten garen.

6. Die Fische wenden und nochmals fünf Minuten grillen lassen. Während der Garzeit die Fische mit der Marinade bestreichen.

7. Nach der Garzeit die Fische auf Tellern anrichten, mit der Marinade dekorieren und servieren.

Zubereitungszeit: 45 Minuten
Grillzeit: 10 Minuten

Allerley Süßes

Süßspeisen wie Pudding, kandierte Früchte oder Grütze wurden im Mittelalter in der Regel am Ende einer Mahlzeit serviert. Die mittelalterliche Küche kannte als Desserts außerdem Gebäck, Waffeln und Cremes, die mit einer Mischung aus Mandelmilch und Eiern zubereitet wurden.

Zudem war Honig eine der wichtigsten Zutaten für Speisen. Er wurde nicht nur für den Nachtisch, sondern auch zur Konservierung von Nahrungsmitteln und zur Herstellung von Met, Honigwein, verwendet.

Wenn Sie ein Liebhaber von Süßspeisen sind und die mittelalterliche Küche kennenlernen möchten, können Sie gerne unsere folgenden Rezepte für Nachtisch ausprobieren.

Apfelcreme

Für 4 Personen

Einkaufsliste
12 Äpfel
1 EL Zimt
1 EL Honig
Sahne

1. Die Äpfel waschen, schälen, entkernen, würfeln,
in einen Topf mit sehr wenig Wasser füllen (so dass die Äpfel bedeckt sind)
und knapp zehn Minuten kochen, bis sie zerfallen.

2. Die Äpfel in eine Schüssel füllen, mit einem Pürierstab zu Mus verarbeiten,
Zimt und Honig hinzugeben und kalt werden lassen.

3. Ist das Mus erkaltet, die Sahne je nach Geschmack unterrühren,
die Apfelcreme in den Kühlschrank stellen und kalt servieren.

Zubereitungszeit: 15 Minuten

Buchweizengrütze

Für 4 Personen

Einkaufsliste
1 l Milch
Salz
125 g Buchweizen
Butter
Honig

1. Die Milch mit einer Prise Salz in einen Topf geben, aufkochen lassen,
den Buchweizen dazufüllen.

2. Den Inhalt des Topfes knapp 20 Minuten unter ständigem Rühren köcheln lassen.

3. Nach der Kochzeit die Grütze in Schälchen füllen,
in der Mitte mit je einem halben Teelöffel Honig und Butter garnieren und servieren.

Zubereitungszeit: 15 Minuten
Kochzeit: 25 Minuten

Nuss-Kügelchen

Für 4 Personen

Einkaufsliste
250 ml Honig
1 EL Ingwerpulver
10 ganze Nelken
250 g Haselnüsse

1. Den Honig, den Ingwer und die Nelken in einen Topf füllen,
gut verrühren und zehn Minuten leicht köcheln lassen.

2. Inzwischen ein Backblech mit Butter bepinseln.

3. Nach dem Kochen die Haselnüsse in den Topf geben und kurz zum Kochen bringen,
dabei gelegentlich umrühren.

4. Nach dem Aufkochen die Nüsse mit einem Löffel herausnehmen
und zum Auskühlen auf das mit Butter bepinselte Backblech legen.

5. Wenn die Nüsse erkaltet sind, können sie zu Tisch gebracht werden.

Zubereitungszeit: 20 Minuten
Kochzeit: 12 Minuten

Heiße Mandelmilch

Für 4 Personen

Einkaufsliste
125 ml Sahne
250 ml Mandelmilch
3 Eier
100 ml Honig
4 Safranfäden
Salz

1. Die Sahne, die Mandelmilch, die Eier, den Honig, die Safranfäden und eine Prise Salz
in eine Schüssel geben und alles mit einem Mixer pürieren.

2. Nach dem Pürieren die Mandelmilch in eine Backform füllen.

3. Die Backform in den Ofen schieben und die Mandelmilch
bei 180 °C eine Stunde im Ofen backen.

4. Nach der Backzeit die Form aus dem Ofen nehmen,
auf eine Holzplatte stellen und servieren.

Zubereitungszeit: 15 Minuten
Backzeit: 60 Minuten

Holunderblüten-Mus

Für 4 Personen

Einkaufsliste
8 Holunderblütendolden
1 l Milch
100 g Zucker
180 g Reismehl
30 g kandierte Veilchen

1. Die Holunderblütendolden waschen und in einen Topf geben.
Die Milch dazufüllen, alles kurz aufkochen lassen und durch ein Sieb seihen.

2. Den Inhalt des Siebs wieder in den Topf geben, den Zucker beimischen
und das Reismehl unter ständigem Rühren einfüllen.

3. Ist das Mus sämig, den Topf vom Herd nehmen und in eine Schüssel füllen,
diese mit den kandierten Veilchen garnieren und zu Tisch bringen.

Zubereitungszeit: 15 Minuten
Kochzeit: 5 Minuten

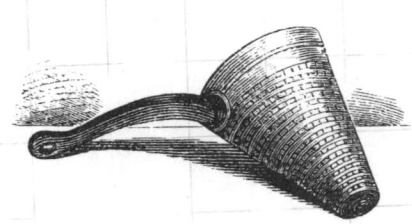

Honigküchlein

Einkaufsliste

750 g Blütenhonig
500 g Roggenmehl
4 Eigelb
20 g Honigkuchen-Gewürz
1 TL Salz
500 g Weizenmehl

1. Vom Blütenhonig 500 g in einen Topf geben, kurz aufkochen
und das Roggenmehl unterrühren, das Gemisch kneten
und die Masse erkalten lassen.

2. Die Eigelbe mit weiteren 250 g Blütenhonig in eine Schüssel geben,
das Honigkuchen-Gewürz und das Salz beimischen, alles schaumig schlagen
und das Weizenmehl hinzufüllen.

3. Den so bereiteten Weizenteig gut kneten,
ihn mit der ersten zubereiteten Honig-Roggenmehl-Mischung vermengen
und alles zu einem glatten Teig formen.

4. Diesen Teig drei Stunden kühl stellen und ruhen lassen.
In der Zwischenzeit ein Backblech fetten.

5. Nach dem Ruhen den Teig so ausrollen, dass er zwei Zentimeter dick ist.
Mit Küchenformen den Teig ausstechen.

6. Die geformten, kleinen Teigstücke auf das gefettete Backblech legen
und sie im Ofen bei 200 ° C knapp 25 Minuten backen.

7. Nach dem Backen die Honigkuchen-Stücke aus dem Ofen nehmen und auskühlen lassen,
sie auf einem Servierteller anrichten und zu Tisch bringen.

Zubereitungszeit: 60 Minuten (ohne Wartezeit)
Backzeit: 25 Minuten

Käsekuchen

Einkaufsliste

500 g Mehl
2,5 kg Ricottakäse
250 g Honig
3 Eier
1 Prise Salz
Mohn

1. Den Backofen auf 180 °C vorheizen.

2. Das Mehl, den Ricotta, den Honig, die Eier und das Salz in eine Schüssel geben
und mit einem Mixer verrühren.

3. Den fertigen Teig in eine eingefettete Kuchenform geben und sie mit Alufolie abdecken.

4. Die Kuchenform in den Backofen stellen und 30 Minuten backen.

5. Nach der Backzeit den Käsekuchen aus dem Ofen nehmen
und die Kuchenform auf ein Holzbrett stellen.

6. Die Kuchenform vom Kuchen lösen, den Kuchen
mit Mohn garnieren und servieren.

Zubereitungszeit: 25 Minuten
Backzeit: 30 Minuten

Krapfen

Einkaufsliste

3 EL trockener Weißwein
2 EL Honig
300 g Weizenmehl
70 g Butter
Salz
3 EL Sahne
6 Eier
Öl
Puderzucker

1. Den Wein mit dem Honig in einen Topf geben und das Gemisch kurz aufkochen,
bis der Honig sich aufgelöst hat.

2. Das Weizenmehl, die Butter, eine Prise Salz und die Sahne in eine Schüssel füllen,
das bereits hergestellte Honig-Wein-Gemisch bis auf einen kleinen Rest hinzugeben
und alles gut verrühren.

3. In einer anderen Schüssel die Eier mit dem restlichen Honig-Wein-Gemisch vermengen
und zu dem Teig in die andere Schüssel geben.

4. Diesen Teig gut kneten, sofort dünn ausrollen
und mit einem großen Glas Kreise ausstechen. Die Kreise zu Kugeln formen.

5. In einer Pfanne Öl erhitzen und die Kugeln darin goldbraun braten.

6. Die Krapfen aus der Pfanne nehmen, auf Küchenpapier abtropfen lassen,
mit Puderzucker bestäuben und sofort servieren.

Zubereitungszeit: 30 Minuten
Bratzeit: 15 Minuten

Mandelpudding

Für 4 Personen

Einkaufsliste
500 g süße Mandeln
4 Bittermandeln
¾ l Wasser
50 g Honig
3 Blatt weiße Gelatine
Zimt

1. Die süßen Mandeln mit den Bittermandeln in einen Mixer geben,
etwas Wasser dazu füllen und die Mischung pürieren.

2. Das entstandene Mandelgemisch in einen Topf geben, mit dem Wasser auffüllen,
aufkochen und zehn Minuten ziehen lassen.

3. Das gekochte Mandelgemisch durch ein sehr feines Sieb seihen,
in einem zweiten Topf auffangen, den Honig dazugeben,
das Gemisch auf ½ l Flüssigkeit einkochen und vom Herd nehmen.

4. Die Gelatine in kaltem Wasser einweichen, ausdrücken,
in den Topf mit der Mandelmilch geben und unter Rühren darin auflösen.

5. Den Mandelpudding in Dessertschalen geben und fest werden lassen,
mit Zimt garnieren und servieren.

Zubereitungszeit: 15 Minuten
Kochzeit: 25 Minuten

Mandel-Reismehl-Creme

Für 4 Personen

Einkaufsliste

600 ml Milch
50 g gemahlene Mandeln
40 g Reismehl
½ TL gemahlener Zimt
1 TL gemahlener Ingwer
350 g Himbeeren
50 g Honig
1 EL Weinessig
Kandierte Rosenblüten

1. Die Milch mit den Mandeln in einen Topf geben und aufkochen
sowie drei Minuten köcheln lassen.

2. Das Reismehl mit dem Zimt und dem Ingwer in einen zweiten Topf geben und verrühren,
nach und nach die Mandelmilch dazugeben und aufkochen lassen,
bis die Mischung leicht andickt.

3. Die Himbeeren in ein Sieb füllen, waschen
und abtropfen lassen.

4. Die Himbeeren und den Honig zu der Mandel-Reismehl-Creme geben
und sie so lange kochen lassen, bis der Honig sich aufgelöst hat
und die Himbeeren zu zerfallen beginnen.

5. Die Mandel-Reismehl-Creme mit dem Essig abschmecken, in eine Schüssel füllen
und bei Zimmertemperatur kalt stellen.

6. Die Mandel-Reismehl-Creme mit kandierten Rosenblüten garnieren und servieren.

Zubereitungszeit: 15 Minuten
Kochzeit: 15 Minuten

Pflaumenpudding

Für 4 Personen

Einkaufsliste

500 g frische, reife Pflaumen
¼ Tasse Honig
250 ml Rotwein
½ TL Salz
¼ TL Zucker
Muskat
Anis
¼ Tasse Reismehl

1. Die Pflaumen in einen Topf mit 250 ml Wasser füllen, zum Kochen bringen
und fünf Minuten köcheln lassen.

2. Die Pflaumen aus dem Topf nehmen, in ein Sieb geben, kurz abtropfen lassen,
schälen und entkernen.

3. Die entkernten und geschälten Pflaumen in einen weiteren Topf geben,
den Honig, den Rotwein, das Salz, den Zucker, Muskat und Anis (nach Geschmack) mit einrühren.
Außerdem das Reismehl in den Topf geben und so lange rühren,
bis die Mischung dick geworden ist.

4. Den Pflaumenpudding in Dessertschalen füllen,
abkühlen lassen und servieren.

Zubereitungszeit: 30 Minuten
Kochzeit: 5 Minuten

Pochierte Birnen

Für 4 Personen

Einkaufsliste
4 Birnen
60 ml Honig
½ Tasse Preiselbeeren
Zimt
Minzeblätter

1. Die Birnen waschen, halbieren, das Kerngehäuse entfernen.

2. Einen Topf Wasser aufsetzen, zum Kochen bringen, die Birnen hineingeben,
sie knapp 45 Minuten kochen und abkühlen lassen.

3. Den Honig und die Preiselbeeren in einen zweiten Topf geben, verrühren
und leicht köcheln lassen, bis die Beeren glasig werden,
dann das Gemisch ebenfalls abkühlen lassen.

4. Die abgekühlten Birnen aus dem Topf nehmen und auf Tellern anrichten.

5. Die Birnen mit der Preiselbeermischung füllen, mit Zimt bestreuen,
mit ein paar Minzeblättern garnieren und servieren.

Zubereitungszeit: 15 Minuten
Kochzeit: 45 Minuten

Süße Sahne

Für 2 Personen

Einkaufsliste
250 ml Schlagsahne
250 ml Milch
50 ml Rohrzucker
6 Eigelb
Safran
Kandierte Veilchen
Kandierte Orangenschale

1. Die Schlagsahne, die Milch, den Rohrzucker
und die Eigelbe in einen Topf geben, verrühren, kurz zum Kochen bringen
und dabei eine Prise Safran beimischen.

2. Nach dem Aufkochen die Mischung in eine Schüssel füllen und abkühlen lassen.

3. Je nach Geschmack die Sahne-Mischung mit ein paar kandierten Veilchen
und Orangenschalen garnieren und servieren.

Zubereitungszeit: 15 Minuten
Kochzeit: 5 Minuten

Weinkuchen

Einkaufsliste
8 Eier
250 g Zucker
125 g geriebener Zwieback
60 g gemahlene Nüsse
½ TL Zimt
0,25 l Rotwein

1. Die Eier und den Zucker in eine Schüssel füllen.

2. Den Zwieback in eine Mahlmaschine geben und schroten.

3. Den Zwieback zu den Eiern und dem Zucker in die Schüssel geben,
auch die Nüsse und den Zimt dazugeben, das Gemisch gut verrühren,
es in eine eingefettete Kuchenform füllen.

4. Die Kuchenform in den Backofen stellen
und den Kuchen bei 180°C knapp 45 Minuten backen.

5. Nach dem Backen den Wein in einen Topf füllen und erhitzen.

6. Den heißen Wein über den Kuchen gießen, diesen anschneiden,
auf Tellern anrichten und servieren.

Zubereitungszeit: 20 Minuten
Backzeit: 45 Minuten

Register

Aal in Gewürzsoße 100

Ambrosia-Huhn 64

Apfelbrei 37

Apfelcreme 112

Arme Ritter 12

Austern in Biersoße 101

Beerenbrei 36

Biersuppe 23

Bohnensuppe 24

Brei mit Hühnerbrühe 38

Brei mit Rosenduft 39

Brotsuppe 25

Brunnenkresse-Suppe 27

Buchweizenbrei 19

Buchweizengrütze 113

Champignon-Lauch-Topf 49

Dinkel-Birnen-Brei 16

Eiersuppe 13

Ente in Kräutermilch 66

Entenbrust im Teigmantel 68

Erbsen in Mandelmilch 50

Erbsensuppe 14

Fenchel 51

Fleischbrühe mit Kräutern 29

Gämsenfleisch 82

Gänsebraten 70

Gebackene Scholle 102

Gebratene Forelle 103

Gebratene Zucchini 52

Gefüllte Wildente...84

Gegrillte Wachteln...86

Gelbe Hammelsuppe 31

Gemüsebrei 40

Gemüsesuppe 32

Gerstenbrei...41

Gesüßtes Kaninchen 91

Graupensuppe 33

Graved Lachs...106

Grüne Bohnen...53

Grüne Suppe..28

Hase in Traubensaft 87

Hechtsuppe...30

Heiße Mandelmilch 115

Hering in Thymian 17

Herzhafter Haferbrei...42

Hirschragout...88

Hirsebrei..43

Holunderblüten-Mus..116

Honigkuchen..117

Huhn in Rosenwasser 72

Huhn in Traubensaft 73

Kalte Ente...75

Kaltes Kabeljaufilet 104

Kaninchenbraten 90

Käse mit Gemüse 54

Käsekuchen...118

Kirschbrei...45

Kleine-Leute-Suppe..22

Knoblauch-Walnuss-Huhn 69

Krapfen..119

Kräuterforelle...105

Lachs mit Lauch 18

Lachsfilet in Senfsoße..107

Lauch mit Nüssen 55

Linsentopf 56

Mandel-Reismehl-Creme 121

Mandelpudding 120

Mangold 57

Marinierter Fasan 92

Miesmuscheln 108

Milch-Huhn 74

Nuss-Kügelchen 114

Orangen-Huhn 67

Pastinaken 58

Pflaumenpudding 122

Pilze in Honig 59

Pochierte Birnen 123

Poularde 76

Rebhuhn 93

Red Snapper in Orangensoße 109

Reh im Teigmantel 94

Rehleber 95

Romanisches Huhn 77

Rosenkohl 15

Rosmarin-Ente 78

Rote Bete in Weißwein 48

Schinken-Huhn in Salbei 79

Schwarzwurzeln 60

Süße Sahne 124

Süßer Haferbrei 44

Wachteln 96

Weinkuchen 125

Weißkohl in Wein 61

Wildschweinrücken 97

Zandersuppe 26